無印良品の
業務標準化委員会

働く人が仕事を変え、オフィスを変え、会社を変える

MUJI POCKET
KS LIBRARY

『無印良品の業務標準化委員会』目次

第二章

働く人が仕事を変える

はじめに

働く人が仕事を変え、オフィスを変え、会社を変える。

会社という組織のあり方、仕事の仕方は、いま急速にそして大きく変わってきている。ＩｏＴが進化を続け、ＡＩが未来の話でなくなり、第４次産業革命が近い将来に確実に起きると言われるなか、「だからこそ『人』の力を信じて、自分たちで『新しい働き方』をつくり出そう」と考えている会社、それが良品計画である。

主役は会社で働く人、一人ひとり。経営者からのトップダウンでなく、現場からのボトムアップ。さまざまな課題に臨機応変に行動し、新たな可能性を能動的につくり出す。誰もが同じように働くのではなく、各々の働き方を、自分たちで見いだしていく。

良品計画は「無印良品」の企画開発・製造から流通・販売までを行い、衣料品から家庭用品、食品など、日常生活全般にわたる商品群を展開してきた。東京・池袋の本社は、商品部、販売部、情報システム担当、お客様室、宣伝販促室など、店舗を支える数多くの部門から構成され、約６００人がここで働いている。

無印良品は１９８０年、消費社会へのアンチテーゼとして生まれた。高価な海外ブランドと低価格のみを訴求する粗悪な商品という二極化の消費状況に対して、暮らしを大切にする人に役立つ商品のあり方を、ていねいに、素直に、そして大きな問題提起とともに提示した。「素材の選択」「工程の点検」「包装の簡略化」に始まり、徹底して無駄を省き、合理化し、ものが本来持っている魅力を最大限に発揮させた。日本古来の「素」を旨とする美意識が商品に込められ、本当に必要なものを、本当に必要なかたちでつくり、「最良の生活者」の元に届けられた。

セゾングループ代表の堤清二と、アートディレクターの田中一光をはじめとするクリエイティブチームがつくったこの思想は、誕生から現在にいたるまで、揺らぐことなく無印良品の核となっている。

「我が社にあるのは思想と人。それと店舗だけです」。会長の金井政明はそう言う。

思想と人と店舗。三つだけ。でもこの三つが、良品計画のなによりの財産で、すべての原動力となっている。

業務標準化委員会って？

ところで、本書のタイトルにもなっている「業務標準化委員会」と聞いて、どんなものをイメージするだろう。文字面通り、「業務を標準化する委員会」、つまり仕事の手順を決め、社員全員が同じように行うための委員会ととらえる人が多いのではないだろうか。誰もが同じように行動し、決められたものごとを決められた通りにつつがなく進める、画一的なイメージが、そこにはある。思想といったことからは遠い言葉に聞こえる気もする。

「会社が運営する組織やプロジェクトのなかで、委員会というのは最上位概念です。業務標準化委員会には全役員が出席しますし、公式会議です。でも世間一般に、そういう感覚でとらえてない人の方が多いでしょうね。かたそうで、真面目で、つまらなさそうな委員会だと思っている人も多いのではないでしょうか」

業務標準化委員会は2007年上期に発足した。成長と進化を続ける企業であり続けるために、「人が代わってもノウハウが蓄積される＝共有化、マニュアル化、見える化」と、「強い現場力＝個々人が自発的・自主的に考え、創意工夫する」という企業風土をつくっていくための委員会だ。

発足当初はどちらかというと前者の意味合いが強く、現場力を身につけるための基本の「型づくり」に重きを置いていたという。「あいさつ」「定時退社」「デッドライン」「清掃」「整理整頓」という、業務の基本中の基本を委員会の取り組み事項に掲げ、活動を続けた。これらの事項は、現在も業務標準化委員会の大切な柱となっている。いずれかを月次テーマに設定して、形骸化しないよう社員に呼びかけ続けている。

たとえば清掃。毎朝5分、社員みんなが自分のデスクのまわりを掃除する。毎日のことだから、だんだんする場所がなくなって、デスクの裏側にまで目がいくようになる。そこが汚ければどうすればきれいになるかを考える。ふだん見えないところに注意するようになる。それは掃除にとどまらず、仕事に直結している。毎日同じことをやるよりは、違うことをしてみようという「気づき」をうながすことにつながっている。

あいさつは、コミュニケーションの基本である。同じ部門でなくとも、同じフロアで働いてなくとも、行き交う人たちとあいさつを交わす。会社の人だけでなく、外部の人との接し方も、あいさつひとつで変わることを、肌身で感じるようになる。

そうやって地道でまっとうなテーマにずっと取り組み続けることで、気づきが増え、発想の転換や自主的な提案が生まれるようになるのではないだろうか。それこそが「強い現場力」である。会社や社会に働かされるのではなく、自分たちの働き方を、自分たちで考え、変えていく。基本が身につく人、強い現場力を発揮する人、そのどちらもいることが大きな力となる。

そう、良品計画の業務標準化委員会が取り組んでいるのは、画一的な組織づくりではなく、柔軟で自主的な個々の力を育んでいくための風土づくりである。やり続けないと、身につかない。だからていねいに、やり続ける。

無印良品らしさが、新たな視点を生んでいく

自主的な個々の力について、金井が興味深い話をしてくれた。良品計画は2014年からNPO法人うずと共に、「鴨川棚田トラスト」を行ってきている。地元住民の高齢化に伴い維持管理が困難になっていた棚田を、無印良品のWEBサイトでの呼びかけに集まった一般の人たち

と共に保全することで、自然環境のみならず、伝統的な暮らしや文化をつなげていこうというプロジェクトで、田植え、草取り、稲刈りなどの農業体験イベントを開催してきている。

２０１６年からは名称を「鴨川里山トラスト」に変更し、棚田だけでなく、果樹園、雑木林、古民家などがある里山空間全体を、社会の共有財産として保全すべく、活動の幅を広げている。良品計画はこの活動をきっかけに、イベントの参加者や近隣住民だけでなく、鴨川という地域そのものとさまざまにつながるようになった。

「南房総では漁業が盛んですが、あるとき社員が、定置網にかかるエイをなんとかしたいという提案をしてきたんです」

鰯や金目鯛、鱸《すずき》といった魚をとるのにかけた網に、エイもかかってしまう。北海道ではいまも食用の習慣があるが、関東では近年需要が減り、市場に出回らない。

「漁師さんたちはなんとかしたいと思ってはいるのだけれども、どうしていいかわからない。費用対効果も合わないから、いまだに捨てている。費用対効果に対してはふたつの手立てが必要で、ひとつはかかるコストをどう抑えるか、もうひとつはいかに価値を上げるかということですね」

そこで提案者である社員が考えたのは、漁港から東京に向かう高速バスのトランクを利用すること。スーツケースなどをしまうトランクの空きスペースにエイや雑魚を効率よく積んでもらえば、都心まで運ぶことができる。すでにあるインフラを利用するから、コストは最小限で抑えられる。そして無印良品の店舗、たとえば有楽町店などCafé&Meal MUJIを併設しているところでフライドフィッシュなどにして、特別メニューとして不定期で提供するというもの。この考えで進めたいという社員に、金井はもちろんゴーサインを出した。

「無印良品とはなにかという思想があるから生まれたアイデアで、そのアイデアを思いついた社員がいて、店という拠点があるからこそいろんなことが考えられる。そして『こんなことをやってみたい』『自分たちがやらなきゃいけない』と自主的に動いている。こういうふうに考えられるようになると、もっともっと、仕事は面白くなります」

千葉の鴨川で困っているのなら、日本全国の漁港で困っていることがあるはずで、日本で起こっていることは、世界のあちこちで起こっているはず。そして漁業が困っているなら、農業でも林業でも同じような課題に直面しているだろう。そこに無印良品らしさが合わさると、新しいなにかが生まれるかもしれない。ローカルとつながることで生まれた小さな気づきが、グローバルな可能性へと広がっていく。

思想と人と店舗は、やはり大きな財産なのである。そして業務標準化委員会の取り組みは、このような、思いも寄らないかたちであらわれてくる。

オフィスも仕事も、自分たちで変えていく

2015年11月から2016年11月にかけて、良品計画の本社は大規模なリノベーションを行った。サンシャインシティの目の前にある本社ビルは、1994年から使用している。ビルは8階建てで、当初は3フロアのみ賃借していたのを、業務拡大に伴い借り増しを続け、2002年からは全フロア使用、2004年に自社ビル化した。20年以上の時間のなかで、ほぼ全フロアにわたってリノベーションしたのは、これが初めてのことである。

オフィスのリノベーションというと、通常は外部の設計会社やオフィス家具メーカーに委託して進めるものである。それを良品計画は、自分たちで行った。

オフィスリノベーションチームの核となったのは、販売部と総務人事部（現：人事総務部）と、業務標準化委員会である。総務担当者は全体を把握しながらスケジュールなどを組み、販売部に所属するインテリアアドバイザー（ＩＡ）が設計を担当。そして業務標準化委員会事務局担当者はリノベーションへの社員の積極的な参加をうながすと同時に、リノベーション後に「自分たちのオフィスを自分たちでケアしていく仕組みづくり」を構築した。

「完成させないオフィス」。今回のオフィスリノベーションをする際のテーマである。リノベーションは一斉ではなく、フロアごとに時間差で行った。改善点はすぐに見直して次に反映させ、リノベーション後もより働きやすい環境をつくっていく。ゴールを定めず、完成させないことで、「自分たちで働く場を良くしていこうという風土づくり」を培おうというのである。

働く環境を変えることが最大の目的ではなく、働く社員たちが当事者意識を持つきっかけづくりに重きを置き、気づきの機会を増やし、それらを継続していく仕組みを構築する好機ととらえたのだ。

本書の第一章は、このオフィスリノベーションについてまとめている。働く人がオフィスを変える、そのドキュメンタリーだ。

続く第二章では、実際に良品計画ではどんな人が、どのように働いているのかを紹介する。社員一人ひとりが、良品計画について、会社という組織について、そして仕事について、さまざまに考えている。一人ひとりの思考と行動が、仕事を変えていくことにつながっている。ヒアリングを通して、多くの言葉を聞くことができた。

「意見が通るのがわかると、自分たちの働き方を考えるようになり、働き方に合わせてもっとこうしたらいいんじゃないかというスイッチが入ってくる」

「販売部の人間が商品部のような提案もする。『この部門だからこう働かなくては』という枠を、取り払っていく」

「暮らしって家庭で完結するものじゃない。働く場所も学びの場所も、家から会社までの外部空間も含まれていて、これからの良品計画は、そのすべてを感じ良くできるはずなんです」

業務標準化委員会が見すえている強い現場力は、着実に育っているようである。

第一章

働く人がオフィスを変える

リノベーションで、働く意義と意味を再構築

良品計画は、無印良品という店舗を通して、生活者に「感じ良いくらし」を提案している会社である。無印良品を運営する会社と聞いてイメージするのは、シンプルな内装で、必要なものが必要なだけ揃っていて、無駄がない。そんな会社ではないだろうか。

現実はさにあらず。リノベーション前の良品計画本社は、そういうイメージとは大きくかけ離れていた。

「感じ良いくらし」のためのオフィスなのに

まず、このビルを使い始めた1994年から、ほとんど手を加えることがなかった。業務標準化委員会の声がけで清掃は行っていたものの、内装の老朽化は避けられない。結果、床のカーペットがところどころ破けたりもしていたし、それをさらに鉄板で覆ってもいた。壁にもシミが浮き出ていた。机の上には書類があふれかえっていた。

床の配線コードはむきだしで、日々行き交う台車はスムーズに通れない。デスクやミーティングテーブルは統一されておらず、まとまりに欠けていた。

良品計画の社員は、入社するとまずは店舗に勤務する。店舗で経験を積んで数年後に本社に戻ってくるのだが、そのとき店舗と本社のギャップに驚くことになる。

「初めて来たときの印象が、『ふつうの会社』でした。よくあるデスク、よくある椅子、備品も他社のもの。全部無印良品のアイテムである必要はないけれども、『無印らしくない』のはどうなんだろうと思ったのを覚えています」

「お金もかかるし、自分たちで変えることもできないと、みんなあきらめていたんだと思います。

環境に慣れてしまって、負の連鎖が断ち切れなかった」

社員の声が、リノベーション前のオフィスの様子を言い当てている。

「業務標準化委員会が目指していることと、当時のオフィスの状態がかけ離れていた」と金井政明も言う。

だから変えよう。みんなで変えよう。

どこか新たな場所に引っ越すのではなく、この本社を、自分たちの手でリノベーションしよう。現状のなにが問題で、どう変えるべきなのか。きちんと把握して、考えて、自分たちで決めていこう。

2015年9月、こうしてオフィスリノベーションプロジェクトは始動した。

仕事のリノベーションでもある

オフィスリノベーション社内チームの核となったのは、販売部、総務人事部、業務標準化委員会である。

「はじめに」でも触れたように、通常オフィスをリノベーションする際には、外部の専門会社に依頼するのが通例である。総務人事部が窓口となり、設計会社やオフィス家具メーカーからの提案を元に、リノベーションされた空間が引き渡される。

その道を、良品計画は選ばなかった。このリノベーションを「環境のリノベーション」とだけとらえず、そこで働く人たちみんながリノベーションに参加して、一緒に改善し、働き方も変えていく機会ととらえた。いわば「仕事のリノベーション」も含めたのである。

このリノベーションは、単に家具をきれいなものにするとか、カーペットや壁紙を新調するプロジェクトではない。もっと根本的な、「働きやすさってどういうこと?」「働く環境ってなにが大事?」ということをみんなで考えるなかで、「自分たちの、これからの働き方」について思いをめぐらせることにつなげるプロジェクトである。

だからプロジェクトチームに、業務標準化委員会が入っている。社員一人ひとりの、働き方を考えるスイッチをオンにしていくために、プロジェクトチームの核となる必然性が、そこにはあった。

「私たち業務標準化委員会は、コンサルタントのプロではありません。販売部のインテリアアドバイザーも、店舗にやってくる消費者の要望に合わせてインテリアコーディネートを業務として行っていますが、設計のプロではない。

でも、あえて素人がリノベーションすることで、生活者に近いところというか、ユーザーに近いところで考えていけるところがあるんじゃないか。そう金井に言われました。なるほどそうかもと思えたし、あのひと言でずいぶん気が楽になったのを覚えています」

業務標準化委員会としてこのプロジェクトの中心人物のひとりだった小川恭平（現在はグループ会社である無印良品（上海）商業有限公司に所属）は、発足当時をそう振り返る。

同じ会社なら、すべてが同じなわけじゃない

販売部、総務人事部、業務標準化委員会を中心に結成されたプロジェクトチームだが、もちろん当然ながら全社をあげての業務である。総務人事部が各部門から数名を指名し、リノベーションメンバーとして選出。連携して進めていった。

選出されたメンバーは、プロジェクトチームと共に定期的に集まって打ち合わせを開催。全体の構成に始まり、スケジュールの共有、フロアプランの確認などを行った。そして打ち合わせで決まったことや課題として見えてきたことを、メンバーたちは所属部門の社員に連絡し、情報を共有していった。

本社では約600人が働いている。彼らの足並みを揃えるのは、たやすいことではなかっただ

プロジェクトの流れ

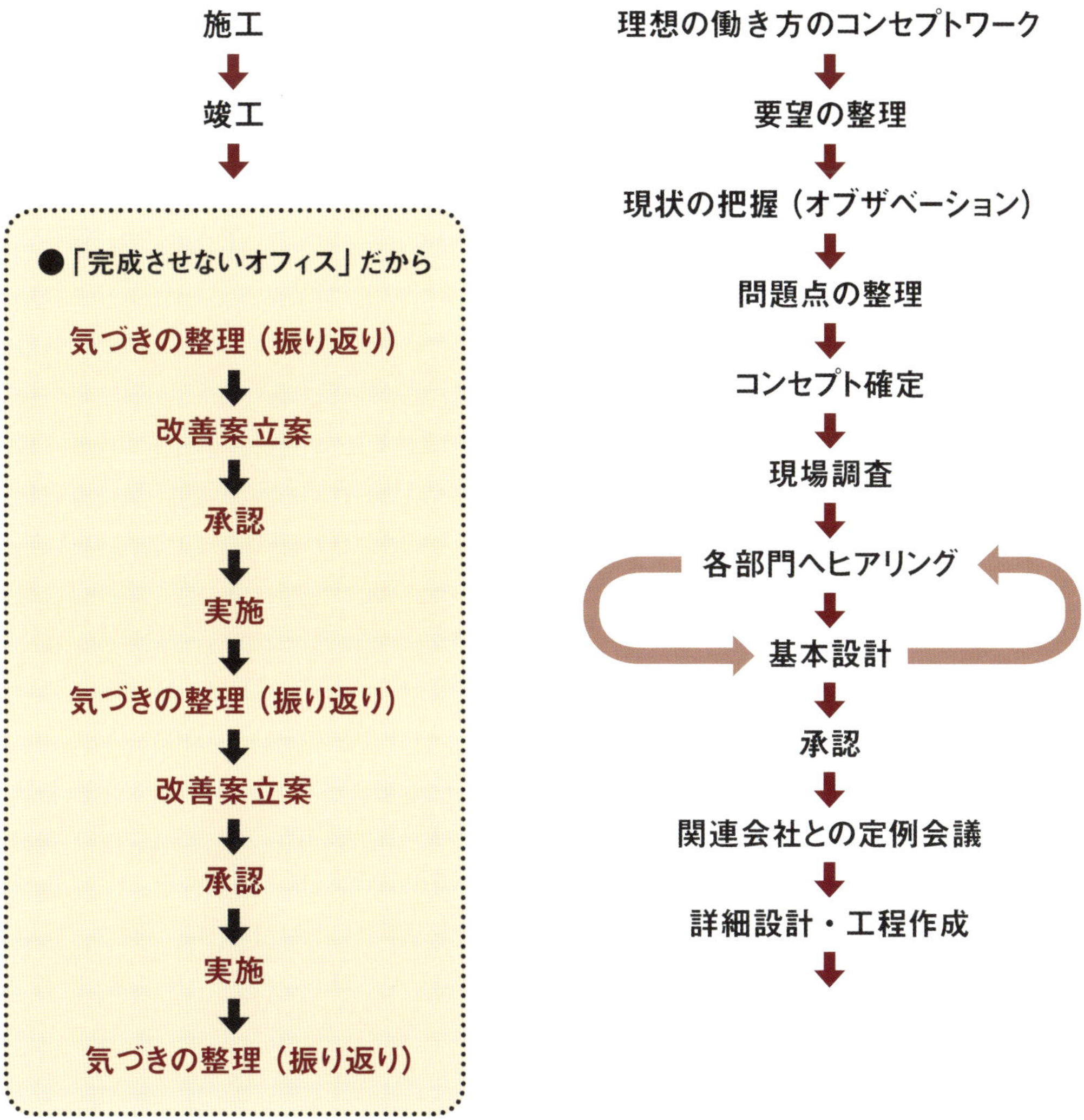

理想の働き方のコンセプトワーク
要望の整理
現状の把握（オブザベーション）
問題点の整理
コンセプト確定
現場調査
各部門へヒアリング
基本設計
承認
関連会社との定例会議
詳細設計・工程作成
施工
竣工
●「完成させないオフィス」だから
気づきの整理（振り返り）
改善案立案
承認
実施
気づきの整理（振り返り）
改善案立案
承認
実施
気づきの整理（振り返り）

ろう。１００人を超える大所帯の部門もあれば、少数精鋭の部門もある。部門ごとに働き方の時間の流れも異なる。

たとえば、商品の企画開発を行う商品開発部門は、衣服・雑貨、生活雑貨、食品に分かれている。同じ商品部でも、商品をつくる生産サイクルも、サンプルの種類や量も、開発にかける時間も、それぞれ違う。

販売も、宣伝販促も、経理も、情報システムも、すべての部門に各々の働き方がある。会社にずっといないと業務ができない部門もあれば、外出する時間が圧倒的に多い部門もある。ＰＣだって、ノートタイプで充分な部門と、デスクトップでないとはかどらない部門がある。

そうなると、ひとりあたりに必要な執務スペースや執務スタイル、収納量、固定電話の有無なども異なってくる。６００人すべてにオーダーメイドのリノベーションをすることが得策なわけではない。でもせっかくリノベーションするのなら、やってよかったとみんなが思えるようにしたい……。

プロである外部の専門会社に任せれば、責任も彼らに委ねてしまえる。不満も外部には言いやすいだろう。それをあえて自分たちの手で手がけるのだから、大きな挑戦だ。だからこそ、先の金井のひと言は、プロジェクトチームの拠り所になったはずである。

それに自分たちの現状は、自分たちが一番よくわかっている。なにを変えるべきかも見えている。プロジェクトチームであると同時に、良品計画で働く当事者だからこそ、責任を持って取り組める。みんなの働く場所を、良くするために。

だから全フロアを一斉にリノベーションせず、リノベーションを通して一人ひとりが気づき始めるだろう「働き方」がより良くなるために、改善点や課題を次に活かせるようにした。さらには「完成させないオフィス」をテーマに掲げて、オフィスについて、働き方について、考え続けることをうながした。

リノベーション時系列年表

2014年

- 7月　販売部デスクフリーアドレス導入

2015年

- 4月　日本の木でできた家具開発スタート
- 9月　金井が「良品集会」で全社向けに宣言
- 9月　本社オフィスリノベーション社内チーム組織編成
- 9月　「働き方」「ものの持ち方」アンケート実施
- 10月　オブザベーション開始（これ以降ずっと）
- 11月　デザインコンセプト確定
- 11月　1階竣工

2016年

- 4月　執務スペースレイアウト草案完成
- 5月　全社員向け説明会実施
- 6月　2階より工事着工
- 7月頭　2階・8階竣工
- 7月末　7階竣工
- 8月末　6階竣工
- 9月末　5階竣工
- 10月末　3階竣工
- 11月　全フロア竣工（3階一部と4階をのぞく）

2017年

- 2月　武蔵野会計センター竣工
- 2月　良品集会にて「リノベーション動画」放映
- 8月　日経ニューオフィス賞推進賞受賞

きっかけは、小さなこと

ものごとが大きく変わるきっかけはいろいろだ。ほんの些細なことや偶然がのちのち大きな変化をもたらすこともあるし、確信的に変化をうながすこともあれば、大きなショックを伴ってでも変化せざるを得ないこともある。

オフィスリノベーションで大きく変わったもののひとつに、デスクがある。それまではスチールの一般的なオフィスデスクを使用していたのを、国産材の杉の木を天板に用いたものに変えた。そのデスクは、ある日突然みんなの目の前にあらわれた。オフィスリノベーションが本格的に始動する1年以上前の２０１４年7月。6階にあった販売部の一角だけがいきなり変わった。ここだけ、スチールのデスクから杉の木のデスクに入れ替わったのだ。

変えたのは、当時販売部の部長だった清水智（現在は取締役）である。

まず自分のまわりだけでも変えてしまう

このデスクが会社に突然あらわれたのには、当然ながら背景がある。

良品計画は、２００6年以来、国産材の活用について研究を行っている。その取り組みは、「杉のつみき」の発売（２００9年）や、こども売場のある店舗を中心に木のぬくもりのある遊び場「木育広場」を設置するなど、着実に成果を上げている。

良品計画同様、国産材の活用に熱心なのが、オフィス家具メーカーの内田洋行である。両社は共鳴し、林野庁「平成26年度補正予算　木造住宅等地域材利用拡大事業」に参画をした。

清水は、そのきっかけをつくった人物でもある。有楽町店の店長だったときに内田洋行とのワークショップを開催するなど、ネットワークを築いてきた。

そして良品計画と内田洋行は、共同で国産材の活用を行う一環として、法人向けオフィス家具の共同開発に取り組んでいる。これまではチップにしたり、廃棄されてきた端材を有効活用して、パネル材に加工。このパネルをベースにオフィス家具をつくろうという試みだ。「木製中空パネル」と呼ぶこのパネルができたのと時をほぼ同じくして、清水は会社がオフィスリノベーションを検討していることを知った。

そこからの清水の動きは速かった。自分の周囲のみこのパネルを使ったテーブルに変えることを会社に希望し、承諾を得て、そしてすぐに変えたのだ。

見切り発車のような大胆な行動だが、清水にとっては必然とも言えるものだった。有楽町店の店長だったときにも、休憩室の壁を自分ひとりで塗り直し、折りたたみ式の簡易テーブルを無印良品にふさわしいものに変えた人物である。

「だって、『お店をきれいにしなさい』と言いながら、自分たちのスペースがきれいじゃないなんて、許せないでしょう？」

販売部長として本社に戻ってくれば、その汚れ具合が否応なしに目に入る。美意識を持った商品づくりをしている会社なのに、この環境でいいわけがない。しかし本社を勝手に変えることができないのも、わかっている。

そんなときに耳にした、オフィスリノベーションプロジェクト。これを活用しない手はない。まずは自分のまわりだけでもやってしまおう。それをきっかけに、きっとなにかが変わっていくはずだから。

実物が目の前にあらわれると一気に動き出す

法人向けオフィスファニチャーの担当者であり、今回のプロジェクトチームにＩＡとして参加した販売部の林高平は、清水の周辺だけデスクが入れ替わったときのことを鮮明に覚えている。

「雑然としたオフィスにこのデスクが入って、そこだけ輝いて見えたんです。当時はまだ開発途中で、カタログもなくて。この杉材はそもそも壁や床に使われていたものなので、パネルだけ見ても家具になったときにどうなるのか、多くの社員はなかなかイメージしにくかったと思います。それを清水が『これにしよう』と決めてくれて、実際にオフィスにデスクとして置かれたことで、オフィスファニチャーの開発にも拍車がかかりましたし、オフィスリノベーションプロジェクトにこの家具が入った決め手にもなっています」

輝いていたとは大げさに聞こえるが、販売部のエリアマネージャーは、担当エリアの店舗に出向くことが多い。彼らが不在のときはデスクの上にものを置かないよう、清水は徹底して指導した。だからマネージャーが外出しているときに目に入るのは、杉の木の天板だけ。

それも相まって、リノベーション前のオフィスにやってきた杉の木のデスクは、相応のショックをもって迎えられた。同じ部門はもちろん、ほかのフロアの社員も、その様子を見に6階にやってきたという。デスクの上は整然としていて、それも杉のデスクと相まって、ほかの社員の目に新鮮に映ったに違いない。

清水がつくったこのきっかけのバトンをしっかり受けとったのが、清水の後任の販売部長（現在は欧米事業部ＵＳＡ担当部長）の角田徹だ。プロジェクトチームの一員であり、リーダーのひとりである。

「清水がつくった流れを、ここで止めてはいけない。商品開発を進めるのと同時に、このオフィスに合うデザインを考え、各フロアに設置できるものにしようと作業を進めました」

自分たちでオフィスを変える。それはここからスタートした。

上：リノベーションに先がけて杉の木のデスクが使われた一角。
下：杉の丸太を製材する際、中心部が柱などの建材に活用され、端材はチップにするか廃棄されてきた。それを加工してパネル化したのが、「木製中空パネル」だ。

自分たちで考えて、自分たちで変えていく

こうして始まったオフィスリノベーションプロジェクトは、環境を整え、気づきの機会を増やし、自分たちの働き方について積極的に考えることをうながすと同時に、さまざまな要素も併せ持っているものだった。

左の「プロジェクトの要素」を見てほしい。

- **本社リノベーション**
- **国産材活用**
- **事例作成**
- **商品開発**
- **オフィス家具販売**
- **働き方改革**

これらすべてがつながることで、「感じ良い働く場」が生まれると良品計画は考え、プロジェクトを進めた。

「国産材活用」は、前節でも触れた杉の木を用いることである。端材としてあまり活用されてこなかった部分も丸ごと使用したパネルを家具にすることで、環境にも配慮しながら汎用性の高いものづくりにつなげている。同時に、林業や産地にも目を向けるきっかけをつくっている。プロジェクトチームは宮崎県の製材所まで視察に行き、日本の林業の現状も把握した。

この杉の木を使った家具は、本社のあらゆる場所に使われることになった。デスクだけでなく、ミーティングテーブルや棚、ベンチなどにも展開されている。

そしてオフィスリノベーションプロジェクトでの使用と同時に、商品開発が進められていた。

プロジェクトの要素とチーム構成

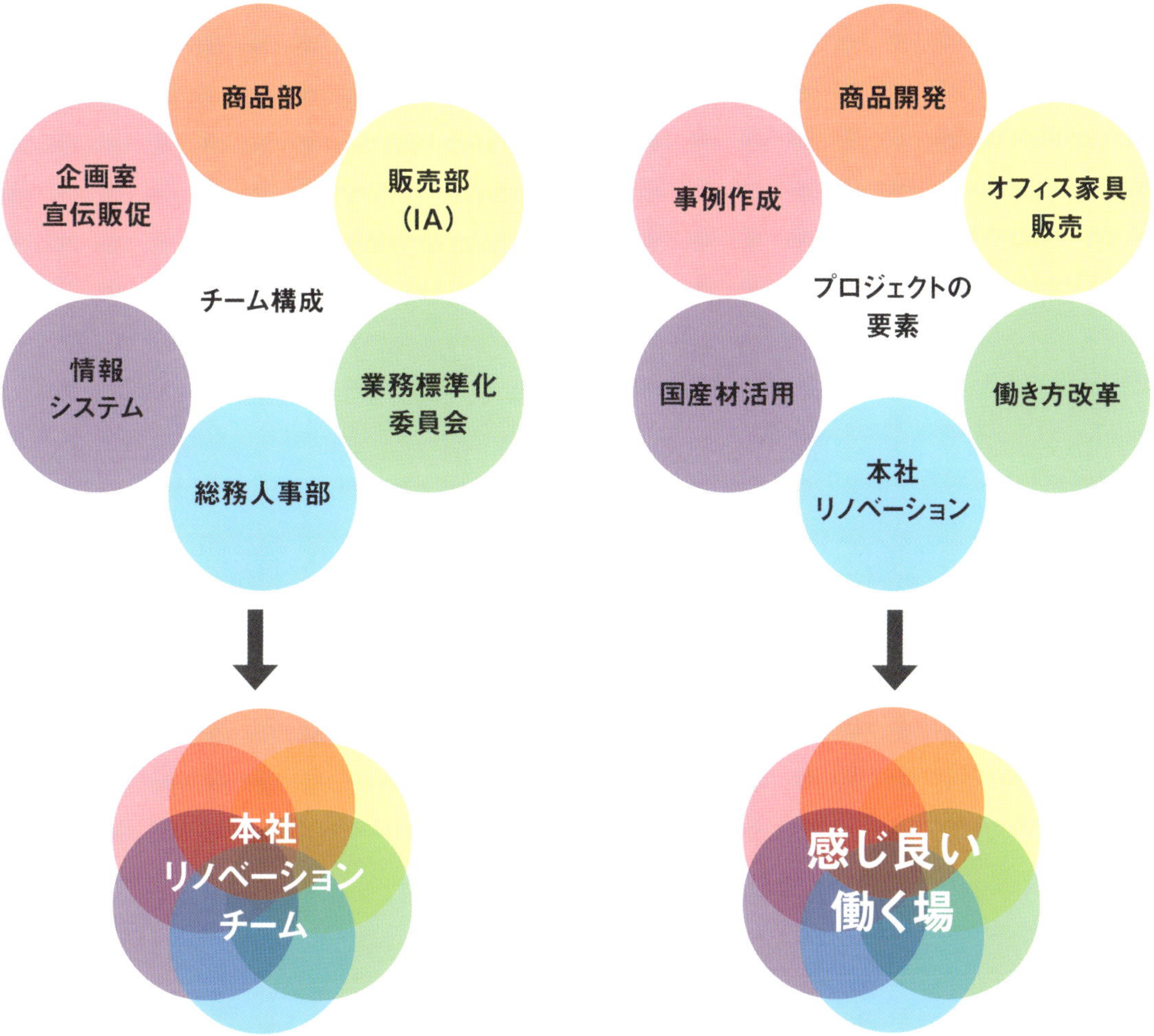

２０１６年4月には内田洋行との共同プロジェクトとして、販売が始まっている。これが「オフィス家具販売」である。

「商品開発」は、家具に限ったことではない。リノベーションを、自分たちがオフィスでどんなものを使っているかをいま一度見直すきっかけととらえ、本当に必要なものはどんなものか、それらは無印良品の商品としてふさわしいものかという視点を持つにいたった。

そして働く時間も「感じ良いくらし」ととらえ、オフィスリノベーションそのものを、良品計画は新たなビジネスにする考えを持っている。そのための「事例作成」であり、自分たちが実感したことだから、説得力を持ってクライアントに提案できる。

自分たちで、自分たちが働く場所を変える。それによって生まれた気づきは、働き方も変えていく。「働かされる」のではなく、「働く」ことを、能動的に行う。それが本当の「働き方改革」だと、良品計画は考えている。

意見を出し合い、つながっていく

さまざまな要素がつながって「感じ良い働く場」が生まれるように、さまざまな部門がつながって、オフィスリノベーションチームはつくられている。

前述したように、核となったのは販売部と総務人事部、そして業務標準化委員会である。それに商品部、企画室、そのほか関連部門、そして外部関連会社なども加わって、チームは編成された。

プロジェクトの要素から見えるように、オフィスリノベーションの目的は複数あるが、「コミュニケーションを生む」ことも大切なポイントだ。そしてリノベーション後のオフィスがコミュニケーションを取りやすい場となるだけでなく、リノベーションに向けての定期的なミーティングも、新たなコミュニケーションが生まれる場となっていた。

部門やフロアが違うと、あいさつこそすれ、会話を交わしたことのない人も多い。それがリノベーションという同じ目的を持って集まることで、会話が生まれ、同じ会社の中でもさまざまな働き方があることにも気づける。

部門内の縦のつながりだけでなく、部門を超えた横のつながりが生まれることで、会社としても、人としても、結束が高まっていく。

また、ゾーニングやレイアウト、デザインを手がけたＩＡは販売部に属しているが、これまでは店舗に常駐していた。ＩＡとは良品計画独自の資格で、現在全国に約１００人いる。社内試験に合格したスタッフが、消費者の新居の家具選びや収納の相談などに答えている。

今回のオフィスリノベーションプロジェクトに取り組んだことで、家庭のみならずオフィス事業への本格的な進出に向けての足がかりを築くことができた。２０１７年２月には「販売オペレーション課」を新規設立し、本社に籍を置くＩＡも登場している。

実際にオフィスリノベーションを担当した林高平は現在販売オペレーション課に所属し、他社のオフィスリノベーションや法人向けオフィス家具の開発も手がけている。

負の連鎖から気づきの連鎖へ

リノベーション前の良品計画のオフィスが「くたびれていた」ことは、先述の通りである。業務標準化委員会の声がけによって毎日掃除をしていても、時間をかけて蓄積してしまったものはなかなかぬぐえない。

どこから手をつけていいかわからない、自分ひとりがやろうと思ってもできないだろう、この環境に慣れてしまった、いまの環境がいいと思うかと聞かれたら「ノー」だけれども、仕方がないとあきらめている……。

改善することなく、時間がたつに任せた結果、徐々に乱れてしまっていた。悪循環に、陥ってしまっていた。「負の連鎖」である。

負の連鎖を断ち切りたい。断ち切って、プラスの連鎖を生みだしたい。

その大きなきっかけを、オフィスリノベーションが担った。新たな場所に引っ越すのではなく、いまいる場所をリノベーションして、生まれ変わらせよう。

・良くしたいという思い

・できるという確信

・良くするためのアイデア

・気づきが生まれ、さらに良くしたいという自発的な動き

そういう「気づきの連鎖」を、オフィスリノベーションが整えた。気づきの連鎖を途切れさせないためにも、「完成させないオフィス」というテーマは有効に働いた。21ページの「プロジェクトの流れ」にあるように、竣工後も「気づきの整理」を続けることで、改善案を見いだし、実施していく。1回実施したら終わりではなく、何度でも気づきを整理していく。繰り返すことで、その精度は上がっていく。

プラスの連鎖が生まれ続け、やがて会社の風土になれば、それは大きな力となる。会社を支える、屋台骨のようなものになる。

良品計画の業務標準化委員会が目指すのも、この「気づきの連鎖」を生みだすことだ。自分たちのオフィスを自分たちでケアしていく仕組みをつくり、「基本の活動＝くらしの基本」ととらえ、社員自ら進んで行う風土化へ誘う。

オフィスの環境を整えることと、仕事の仕方を整えること。それは別々のことではない。どちらかができていればいいということでもない。スムーズにつながり、両輪となることで、前進し続けていける。

負の連鎖から気づきの連鎖へ

一度できてしまった負の連鎖を断ち切るのは難しい。なにかきっかけが必要だ。良品計画はオフィスリノベーションをきっかけに負の連鎖を断ち切り、気づきの連鎖へと整えることも行った。

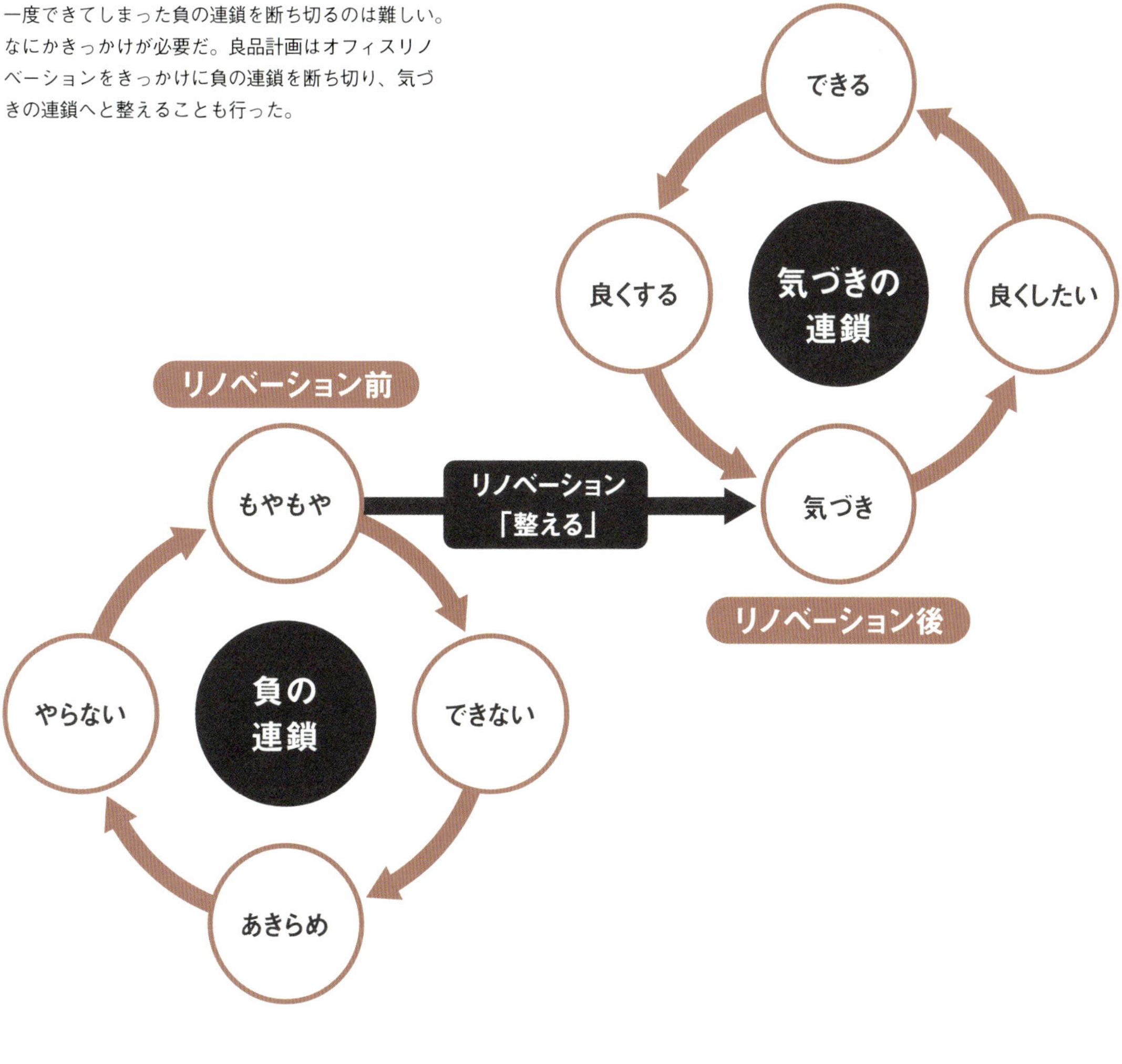

「自分ごと」のスイッチをオンに

オフィスリノベーションをスムーズに進めるためには、現状を把握することが必要だ。そのためプロジェクトチームがまず行ったのは、本社で働く社員へのアンケートである。販売部の角田徹と業務標準化委員会の石崎雅巳と小川恭平、総務担当の高梨哲が中心となって作成し、企画室も協力した。

アンケートは2種類用意した。ひとつは「働き方について」、もうひとつは「ものの持ち方について」である。働き方については、項目を詳細に設けた。一つひとつの項目から見えることだけでなく、複合的に改善点を浮かび上がらせたかったからである。

「照明の明るさは十分に保たれている」「ゴミ箱は一人一つ必要である」「個人の収納スペースは十分に確保されている」「ミーティングスペースは使いたいときに使えている」「1日のデスクワーク時間はどのくらいですか?」「引き出しの中は何が入っていますか?」。これらは働き方アンケートの項目の、ごく一部だ。36ページに全項目を示している。

ものの持ち方については、「必ず保管」「とりあえず保管」「1年以上使っていない」ものがそれぞれファイルボックス何個分あるか、引き出しの中身、共有の書類の棚に入れてあるものの量などを答えてもらった。

書かないから不満がない、ではない

アンケートの回答率は約6割。400人近くの社員から回答があったことになる。それだけ多くの答えからは、現状を把握するのはもちろんのこと、さまざまなことが見えてきた。中でも多くの人が望んでいるのが、

・簡単な打ち合わせができる場所がもっとほしい
・収納スペースをしっかりとってほしい

ということだった。２００2年に本社ビルの8層すべてを使い始めてからも、スタッフの人数は増え続けていた。それに対して打ち合わせの場所が増えるわけでもなく、収納スペースが増えるわけでもなかった。人数が増えた分、そういう場所はむしろ狭くなっていった。右の2点は、リノベーションで改善すべき大きなポイントとして、プロジェクトチームは認識した。

そのほかにも、「ゆとりがなく、押しこまれている印象」「快適感と無印らしさが全然ない」「セキュリティレベルがよくわからない。社員の意識が低いように思う」「喫煙者は喫煙室で休憩がとれるが、それ以外の者はトイレ以外休憩がとれない」など、質問項目が自発的に答えやすくしてあったからだろう、率直な声が多数集まった。

「でも、もっとみんなから不満の声が聞こえてくると思っていました。ただし、書かないから不満がないということではなく、言わない人もいたのだと思います。不満というより、『こうしてほしい』という思いを書いてくる人の方が多かったですね」と角田は言う。

声にはなっていないけれども、潜在的な不満はきっとあるはず。そう考えた角田は、回答率の低かった部門に出向いて、直接ヒアリングすることも行った。また、回答してもらって終わりではなく、その答えに返答したり、意見を交換できる場をつくったりもした。活発に意見を交換するまでにはいたらなかったが、やった甲斐はあった。

「アンケートが配られて、細かな質問に答えることで、『本当にリノベーションをやるんだ』と感じた人が多いと思います」と言うのは、ＩＡの新井亨である。

そうなのだ。アンケートには、プロジェクトチームが現状を把握するだけでなく、本社で働く人たちに当事者意識を持ってもらうきっかけづくりという役割もあった。

「誰かがやってくれる」のではなく、「自分ごと」として一人ひとりがスイッチを入れる。細か

働き方調査

平成29年9月23日

1：あなたご自身のことについてお伺い致します。

氏名		所属部署	
		性別	

2：以下の質問事項について、あてはまる評価のoにチェックと、重要度を選択してください。

取り巻く環境について

No			質問事項	評価 あてはまる	ややあてはまる	どちらともいえない	ややあてはまらない	あてはまらない	重要度（高・中・低）	あてはまらない・あてはまらないと答えた方は詳細をご記入ください
1	環境	設備	温度・湿度が適切に保たれてる	1	2	3	4	5		
2			照明の明るさは十分に保たれている	1	2	3	4	5		
3			人も物も通りやすい動線が確保されている	1	2	3	4	5		
4			話し声や騒音によるストレスがない	1	2	3	4	5		
5			気になる汚れが無く、常に清潔に保たれている	1	2	3	4	5		
6			配線コードは適切に処理されていて危なくない	1	2	3	4	5		
7		要不用	必要な箇所にコンセントやLANがある	1	2	3	4	5		
8			固定電話の数は一人一台は必要である	1	2	3	4	5		
9			デスクトップPCを使う必要がある	1	2	3	4	5		
10			ゴミ箱は一人一つ必要である	1	2	3	4	5		
11		使いやすさ	用度品がわかりやすく管理され全員で共有できている	1	2	3	4	5		
12			会議や打ち合わせに、プロジェクター等のAV機器がすぐに使える状態で管理されている	1	2	3	4	5		
13			プリンターなどの出力機器が使いやすい場所に置かれている	1	2	3	4	5		
14		安心安全	情報漏洩の管理がしっかりされている	1	2	3	4	5		
15			ラック類は地震に備え固定されている	1	2	3	4	5		
16			避難動線が明確で十分なスペースが確保できている	1	2	3	4	5		
17		収納	鞄や上着を置くスペースが十分に確保できている	1	2	3	4	5		
18			部内共有資料などの保管スペースは確保されている	1	2	3	4	5		
19			個人の収納スペースは十分に確保されている	1	2	3	4	5		
20		コミュニケーション	ミーティングスペースは使いたいときに使えている	1	2	3	4	5		
21			他部署とのコミュニケーションが取りやすい配置になっている	1	2	3	4	5		
22			部署内のコミュニケーションが取りやすい環境である	1	2	3	4	5		
23		場所	偶発的なミーティングがとれる場所がある	1	2	3	4	5		
24			社内にはリフレッシュできる場所がある	1	2	3	4	5		
25			集中して仕事ができる場所がある	1	2	3	4	5		
26		休憩	お弁当/ドリンクなど持参していますか?	1	2	3	4	5		
27			食事をとるスペースは十分ですか?	1	2	3	4	5		
28			レンジの数は足りていますか?	1	2	3	4	5		
29			冷蔵庫は足りていますか?	1	2	3	4	5		
30			湯沸かし器(給湯器・ポット・ウォーターサーバーなど)は足りていますか?	1	2	3	4	5		
31			洗い場の数は足りていますか?	1	2	3	4	5		

働き方について

No			質問事項	評価					重要度（高・中・低）	備考
1	働き方	時間の使い方	週の出勤日数はどのくらいですか?	1日	2日	3日	4日	5日		
			1日のデスクワーク時間はどのくらいですか?	～2時間以下	～3時間	～4時間	～5時間	～6時間以上		
2			打ち合わせの頻度はどのくらいですか?	週0回	週1～3回	週4～5回	週6～9回	週10回以上		
3			打ち合わせの平均時間はどのくらいですか?	～15分以下	～30分	～1時間	～2時間	～2時間以上		
5		デスクワークの内容	PC・メールのやり取りはどのくらいですか?	～2時間以下	～3時間	～4時間	～5時間	～6時間以上		
6			TELのやり取りはどのくらいですか	～2時間以下	～3時間	～4時間	～5時間	～6時間以上		
7			資料の作成・分析などの時間はどのくらいですか?	～2時間以下	～3時間	～4時間	～5時間	～6時間以上		

持ち方について

No			質問事項							備考
1	持ち物	書類	必ず保管するもの		ファイルボックス 計（　）個分					
2			とりあえず保管するもの		ファイルボックス 計（　）個分					
3			1年以上使っていないもの		ファイルボックス 計（　）個分					
4		PC	お使いのPCはどれですか?	モニター	デスクトップ	ノート	その他（　　　）			
5		引き出	引き出の中は何が入っていますか?	ペン	メモ用紙	クリップ	電卓	はさみ	ステープラー	
6			上記以外の物あればご記入ください							
7										

その他ご要望などございましたらご記入ください。

項目	
個人	
21. 書類・ファイル	ファイルボックス（　）個分
①必ず保管	ファイルボックス（　）個分
②とりあえず保管	ファイルボックス（　）個分
③1年以上使っていない	ファイルボックス（　）個分
22. PC	モニター（ ）台・デスクトップ（ ）台・ノートPC（ ）台・その他（　　）
23. 引き出しの中身	ペン / メモ用紙 / クリップ / 電卓 / ハサミ / ステープラー
24. 上記の物以外	（　　　　）
共有	
31. 書類の棚　※カギあり	計（　）棚
そのうち　①必ず保管	ファイルボックス（　）個分
②とりあえず保管	ファイルボックス（　）個分
③1年以上使っていない	ファイルボックス（　）個分
32. 書類の棚　※カギなし	計（　）棚
①必ず保管	ファイルボックス（　）個分
②とりあえず保管	ファイルボックス（　）個分
③1年以上使っていない	ファイルボックス（　）個分
33. サンプル/保管品	（ 品目：　　　/ 収納ケース（　）個分 ）
39.　用度備品	テープ類（ ）個・配送伝票（ ）枚・梱包資材（ ）個
41. 上記の用度品以外	（　　　　）

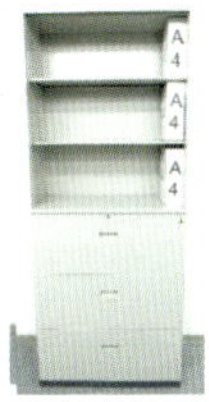

な項目に答えるうちに、自分の働き方を意識するようになれば、それは単なるアンケートではなくなる。

スイッチは、一斉に入るわけじゃない

「たとえば総務なら総務の、販売なら販売の、自分の仕事というものがありますよね。それと『オフィスを整える』ことは、べつのことだと思っている人が大半だったのではないでしょうか」

総務担当の高梨は言う。

「確かにうちの社員は忙しいです。ふだんの業務に加えてオフィスを整えようと言われても、どの時間を使ったらいいかということになる。その時間は、つくるしかない。一日5分、10分、まずは整理する時間をつくる。やってみたら、絶対に無理なわけではないことがわかる。業務標準化委員会が行っている毎朝の清掃も、そうやって浸透していったのだと思います」

しかしスイッチは、そう簡単に入らない。アンケートに答えて、リノベーションをやることは認識しても、当事者意識を持てたかどうかはべつのことだ。

「プロジェクトが進むにつれて、徐々に入っていったというのが正しいでしょうね。僕たちが説明しに回っているときにスイッチが入った人なんていないと思います（笑）。リノベーションしてきれいになった場所を見て、『ここまできたらしょうがないな』という人が、やっと1割くらいではないでしょうか。

でもこのプロジェクトが良かったのは、一斉にリノベーションして、それで終わりではないことです。ふつうは新しい社屋に引っ越して、それで終わり。僕はそういう失敗談を、何十件も聞いています。我が社は、そこから先がある。そこからが始まりとも言えます。ここでやっとスイッチが入る人がいてもいい。実際、そういう人が増えてきているのは、肌で感じます」

高梨の言う通り、段階的にリノベーションを進めたことで、スイッチを入れるきっかけも多く

設けることができたのだろう。

また、自分ごとのスイッチが入ったとしても、どう対処していいのかがわからないという人もいるだろう。「簡単な打ち合わせができる場所」をつくるのはIAの知恵の絞りどころだが、「収納スペースをしっかり取る」ためには、「不要なものは捨てる」ことも重要だ。でも、なにをどう捨てたらいいのかがわからない。

新井は店舗勤務時代から、消費者に向けて整理整頓のセミナーを担当している。家庭向けのセミナーだが、そこで考えてきたこと、伝えてきたことが、今回のプロジェクトにも活きたという。

- **持ち方を考える→「現状把握」と「選別」**
- **「収納のかたち」を考える→「揃える」「汎用性」「配置」**
- **しまい方を考える→「まとめる」「収める」**
- **「暮らしの彩り」を考える→「コンパクト・ライフ」**

これらのステップを経ることで、「感じ良いくらし」が実現する。それは家庭だけでなく、オフィスだって同じなのではないだろうか。

「使えるところはそのまま使って、オフィスとして変えた方がいいところは勉強しながら変えました。いらないもの、使わないものはしまいっぱなしにするのではなく、捨てた方がいい。使いたいものは、使いやすくきれいに収納するといい。そこは家庭もオフィスも同じだと思うのです」

コンパクト・ライフ。小さく暮らすのでもなく、少ないもので暮らすのでもなく、「生活に本当に必要なものを本当に必要なかたちでつくる」。無印良品が誕生して以来、ずっと大切にしている考え方だ。

生活に本当に必要なものってなんだろう。家だけでなくオフィスでもそれが見極められたら、「感じ良いくらし」がもっと身近になるに違いない。

Stage 1 持ち方を考える

本当に必要なものだけ持つ

STEP 1 現状把握

写真を撮って客観的に判断しよう

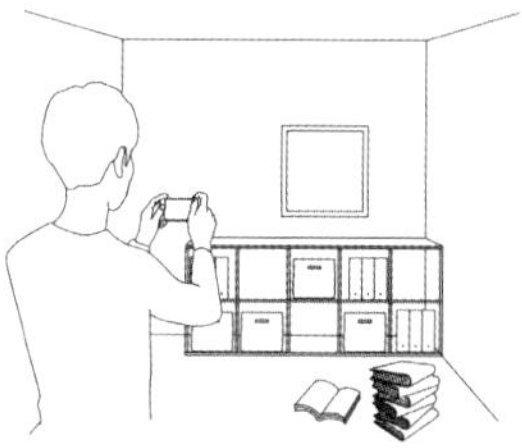

STEP 2 選別

全部出して「わくわくするもの」だけを残そう

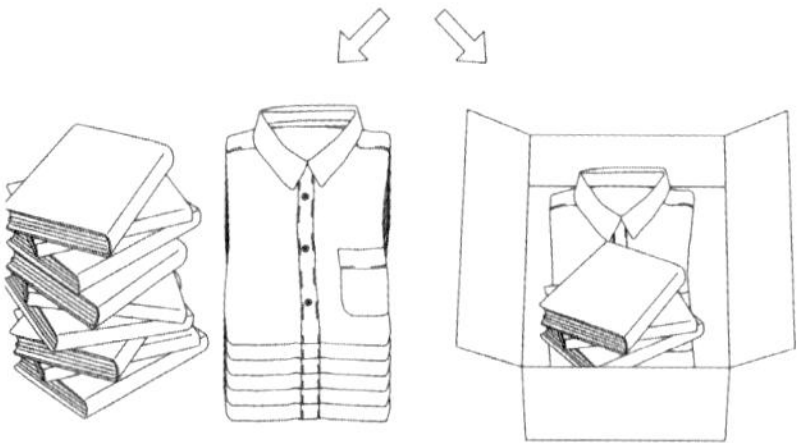

Stage 2 「収納のかたち」を考える

暮らしになじむように収納を計画する

STEP 3 揃える

「ごちゃごちゃ」「でこぼこ」「バラバラ」をなくそう

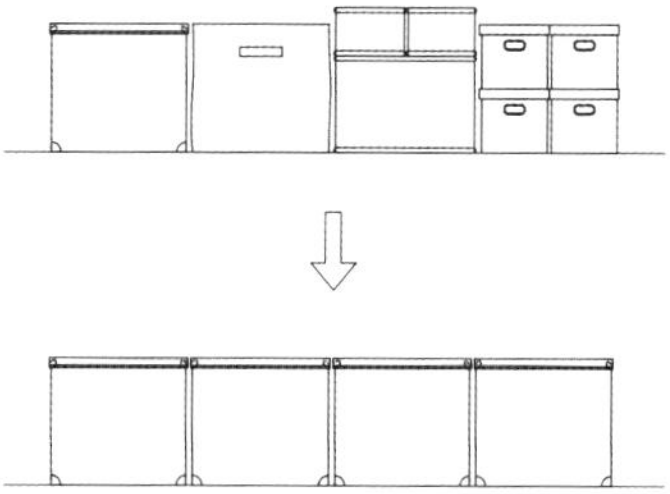

STEP 4 汎用性

サイズ・用途を変えられる収納を選ぼう

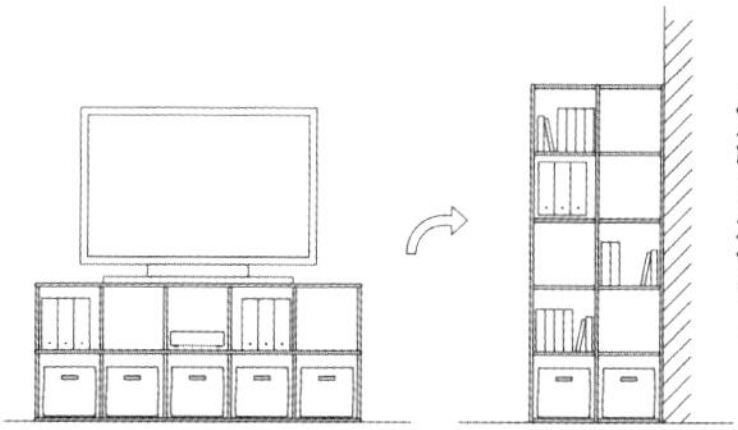

STEP 5 配置

1カ所にまとめて「自由な空間（スペース）」を

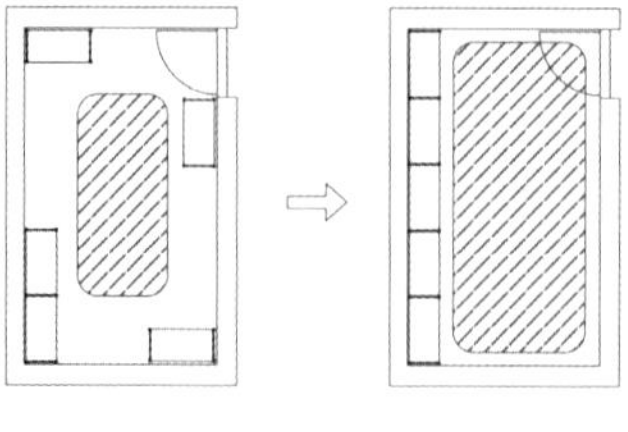

Stage 3 しまい方を考える

使うことを考えて、しまう

STEP 6

まとめる

人・目的・場所ごとに整理しよう

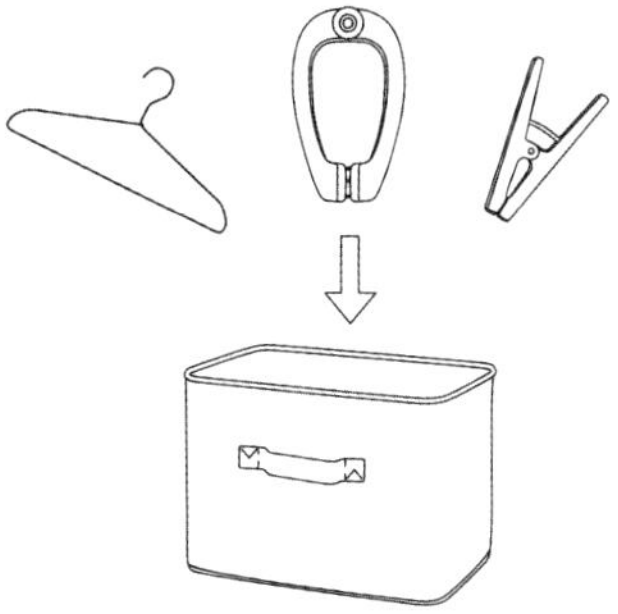

STEP 7

収める

頻度・目的を整理し、最後に「しるし」をつけよう

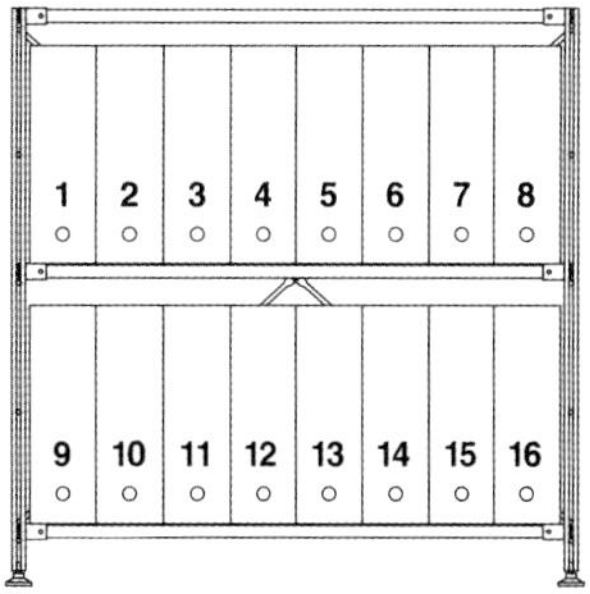

Stage 4 「暮らしの彩り」を考える

「季節の移り変わり」や
「愛着のあるもの」で暮らしを楽しむ

STEP 8

コンパクト・ライフ

無駄のないデザインと汎用性の高い商品で暮らしを整え、住まう人の個性を生かした「感じ良いくらし」が実現

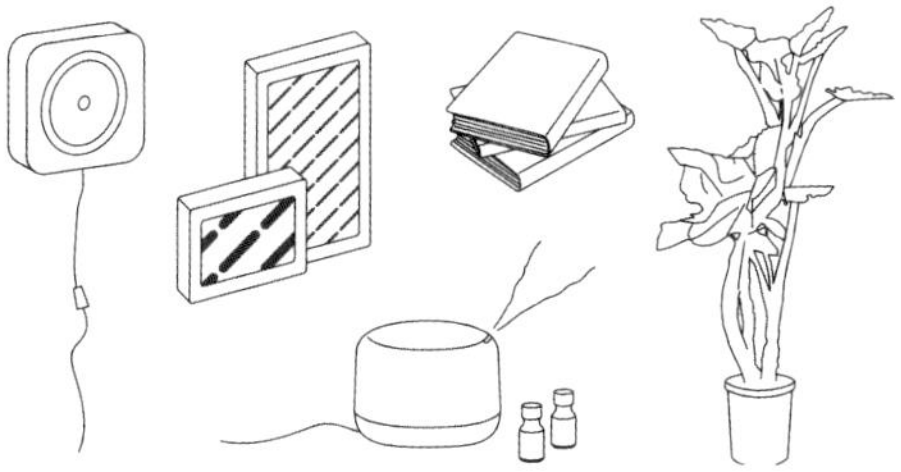

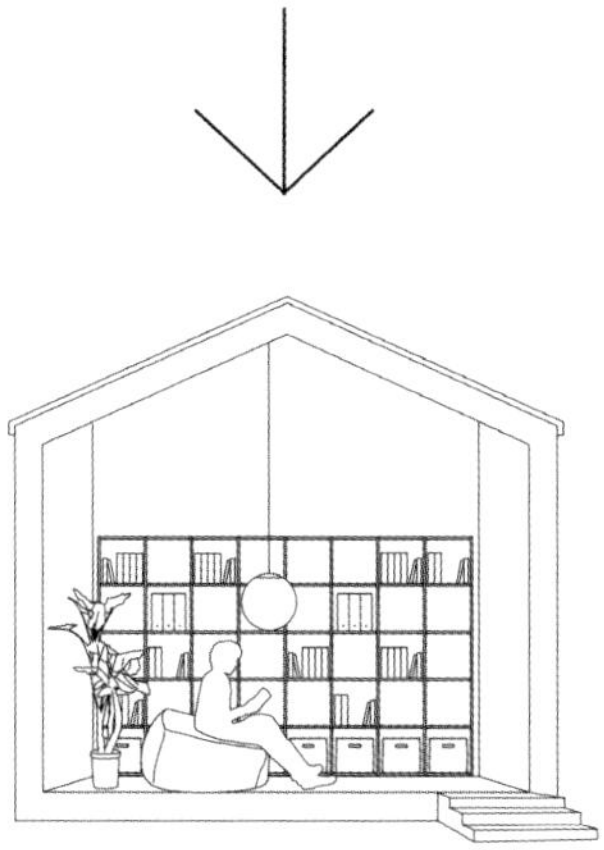

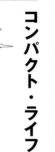

ものづくりと同じように、オフィスをつくる

簡単な打ち合わせをしたり会話ができる場所をつくる。収納スペースを確保する。そのほか、アンケートから見えてきた改善点をリノベーションで解消する。

ただし、アンケートだけで現状をすべて把握できるわけではない。打ち合わせの場所はどれくらいつくればいいのか、収納は本当に足りていないのか、改善点と指摘されていることは、実は個人の思い込みだったりしないか。それらを確認・実証するために、プロジェクトチームは次の行動に移った。

それは持ちものの調査である。本社のすべてのフロアを回って、記録していった。

現場に行かないとわからない

良品計画の商品開発の手法のひとつに、「オブザベーション」がある。英語で「観察」を意味するこの手法は、生活者の家に実際に赴き、商品がどのように使われているかを観察していく。ものがどのように使われているのか、それは使いやすいのか、使いにくいならなぜ使いにくいのか、もっと簡素にシンプルにするにはどうすればいいのか……。さまざまな視点で観察することで、多くの気づきを得ることができる。

オフィスリノベーションにも、オブザベーションの視点は大いに役立つ。実際にこの作業を進めた新井と林には商品開発の経験がなかったため、自分たちが行ったことがオブザベーションと呼べるのかは正直わからないと言うが、

「アンケートの結果通りに考えていいのかどうか、実情は異なっているのか、それは現場に行かないとわからない。本社のことを知らないからこそ、知らないといけない。それには観察と記録

あるのみだと思いました」と当時を振り返る。

新井と林、そして角田と小川で、くまなく回った。高梨が加わることも多々あった。当時、新井と林は店舗勤務だったため、「本社がどういう動きになっているのかわからない」状態で参加し始めた。

「どんな部門があるのか、どんな部屋があるのか、どんな人がいるのか、なにもわかっていませんでした」。新井と林が声を揃える。

オフィスをつくることも初めてならば、本社に連日出入りするのも初めて。「インテリアの相談をしにいらしたお客さまとやりとりするのと同じ目線でしか最初は見られなかった」と言うが、結果的には、なにも知らなかったことが功を奏した。ニュートラルな状態で調査でき、なんにもわからないからすべてを聞いて回った。空気を読む暇など、なかった。

どんな部門がどれくらいものを持っていて、収納スペースが現状どれくらいあるのか。その収納スペースをどのように使っているのか。引き出しの数、ファイルケースの数、しまわれているものの種類と量。調べることは山ほどあった。

使っている人は「絶対に必要」と言うけれど

調査は、その場所を使っている人がいるときに行った。

「単に持ちものを確認するだけが目的ではなくて、実際どんなところが困っているのかを聞き出すことも大切なポイントでした。持ちものを見ただけでは、働き方は把握できません」と小川が言うように、ものの持ち方や使い方から、働き方を浮かび上がらせていった。

「たとえば衣服のパタンナーは、立って作業するからデスクの高さはこれくらい必要で、型紙を広げるから広さも必要です、ものもたくさん置けるようにしてくださいという。そのたくさんとは、実際にはどれくらいのことなのか、なんでその量が必要なのか、どんな目的でいるのか、聞いていきました」

そういう作業は、とても骨の折れるものだったと新井は言う。聞かれる方にしてみれば、どこかプライバシーに立ち入られている気分にもなりかねない。まして本社勤務でない新井と林は、見知らぬ相手のようなものだ。聞く方も不安だろうが、聞かれる方も同じように不安だったかもしれない。

そんなふたりにとって強い味方となったのが、角田だった。角田は販売部だけでなく、商品部の経験もある。売る側とつくる側、どちらの立場もわかった上で、冷静に判断を下せる。その線引きが新井と林にもできるようになるまで、角田がこの役を担った。

「ものをつくるのにこれは必要ですと言われたら、僕と林はそうなのかと思ってしまっていました。でも角田が『いや、それはいらない！』と言い切ってくれる。どちらも知っている人の『ノー』は強いのだと思い知りました」

小川は約10年間店舗勤務し、複数店舗をまとめるブロック店長も経験している。その後、公益財団法人日本生産性本部へ出向、日本のサービス産業の生産性向上に従事。２０１５年から業務標準化委員会に所属し、本社勤務が始まった。小川は小川で、ニュートラルな視点で現場を見ることができた。

備品の調査も大切な要素

同じ部門でも、誰に話を聞くかで内容は変わるものだ。会社にいる時間が長い人もいれば、外出が多い人もいる。役職によっても、状況の把握の具合は変わる。

プロジェクトチームは、その点を考慮しながら現場でのヒアリングを進めた。

角田は言う。

「譲れるものと譲れないものって、立場によって変わります。なにが譲れないのか、それは部長にもある。会社にいる時間が比較的長い課長にも、役職のつかない担当者にももちろんある。担当者の人たちの声は、なるべくていねいに聞き出したいと思いました。その上で、部門を取り仕切る立場にいる部長クラスにもヒアリングして、彼らの思いもきちんと汲み取ることを心がけました。

確かにオフィスは自分たちが働く空間ではありますが、会社が供給している場です。そこを忘れてはいけない。ある程度のルールを守って共有するのも大切なこと。自分の陣地のような考えではなく、ある規律の上で共有しているという考えを持たないと、オフィスのあるべきかたちはできないと思いました」

異なる考えや意向をひとつにまとめていく。手間もかかるし、面倒である。それでも、強固な思想を持った無印良品が好きだという気持ちを共有できている。そのことは、揺るぐことのない支えとなっただろう。

角田はまた、金井からひとつのミッションを提示されていた。全フロアを調査するにあたり、備品も含めて調べてほしいというものである。

「オフィスリノベーションというと、どうしても大きいテーブルやシェルフといった家具、そして今回ですと打ち合わせスペースのような空間に目がいきがちです。でも金井は、店舗で売っている商品が本社でどれくらい使われているか、そしてそれらは本当に使いやすいのかも調べることを望みました」

使われていないものがあればなぜ使わないのか、使いにくいものがあればどこを改善すればいいのか。検証を重ねて、商品開発に活かすべきだと、金井は考えたのだ。

それはまさにオブザベーションである。家に訪問して部屋の隅々までつぶさに観察したように、自分たちのオフィスを観察し、考察する。自分たちでリノベーションしたからこそ得られた、大きな収穫である。

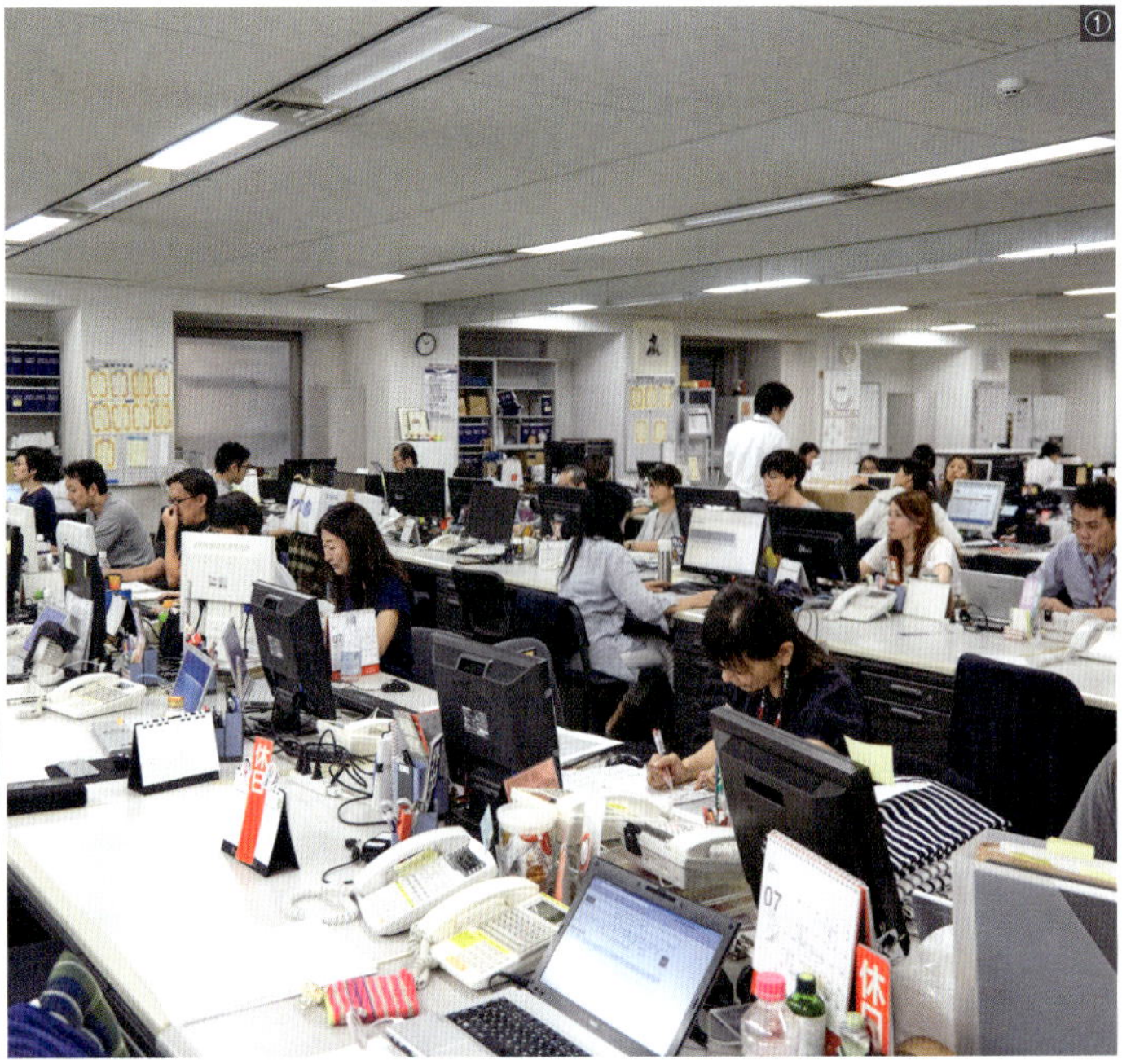

①リノベーション前。全体がすでに雑然としている。②休憩スペースの家具に、統一感はなかった。③収納内部を調査。④⑤デザインもサイズもバラバラなゴミ箱を使っていた。⑥収納はすべてのフロアのすべての棚を開けて調査した。⑦デスクの上にはものが置かれすぎて、身の置きどころに困るほど。⑧もはやなんのためのスペースと呼んでいいのかわからない場所も。⑨貼り方のルールが定められることのないまま、壁にはさまざまなものが掲示されていた。⑩ごちゃごちゃの配線。⑪保管なのか放置なのか……。

⑥

⑦

⑧

⑨

⑩

⑪

レイアウトによって解決

ワークスタイル

1 コミュニケーションの最大化による、“集の力”強化

- 会議ではなく、“議論の場”
- すぐに集まれる
- ダイレクトコミュニケーション
- 即断即決＝スピード

2 コンセントレーションの最大化による、“個の力”強化

- コア業務への集中
- ノンコア業務の効率化
- 残業の削減＝ワークライフバランス

ワークプレイス

1 コミュニケーションスペースの増設・機能強化

- 打ち合わせテーブルの増設
- 機能強化
- タスクチームごとのグルーピング

2 フリーアドレス・集中スペースを設定し、相互促進

- 全フロアグループアドレス
- 管理業務の強化
- セキュリティ強化
- “場”を生む、収納スペースとものの持ち方

考え方の整理

偶発的な出会いを〝集いの力〟に変える仕掛けがあれば
〝本当に必要なものだけ〟で最大の効果が得られる。

●個人が孤立した状態

もの の量は多く、偶発的な出会いは少ない

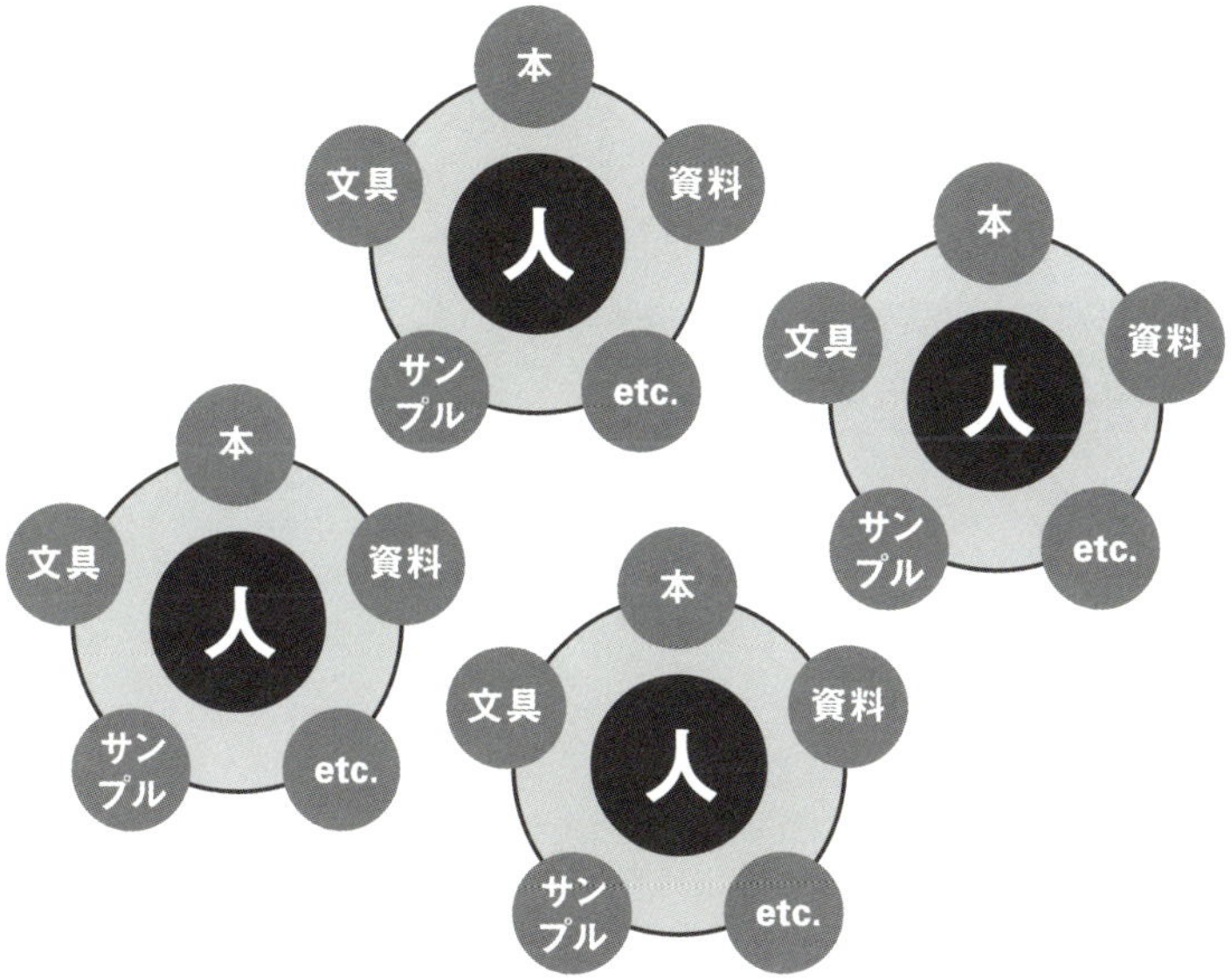

●行為でつながっている状態

ものの量は少なく、偶発的な出会いが増える

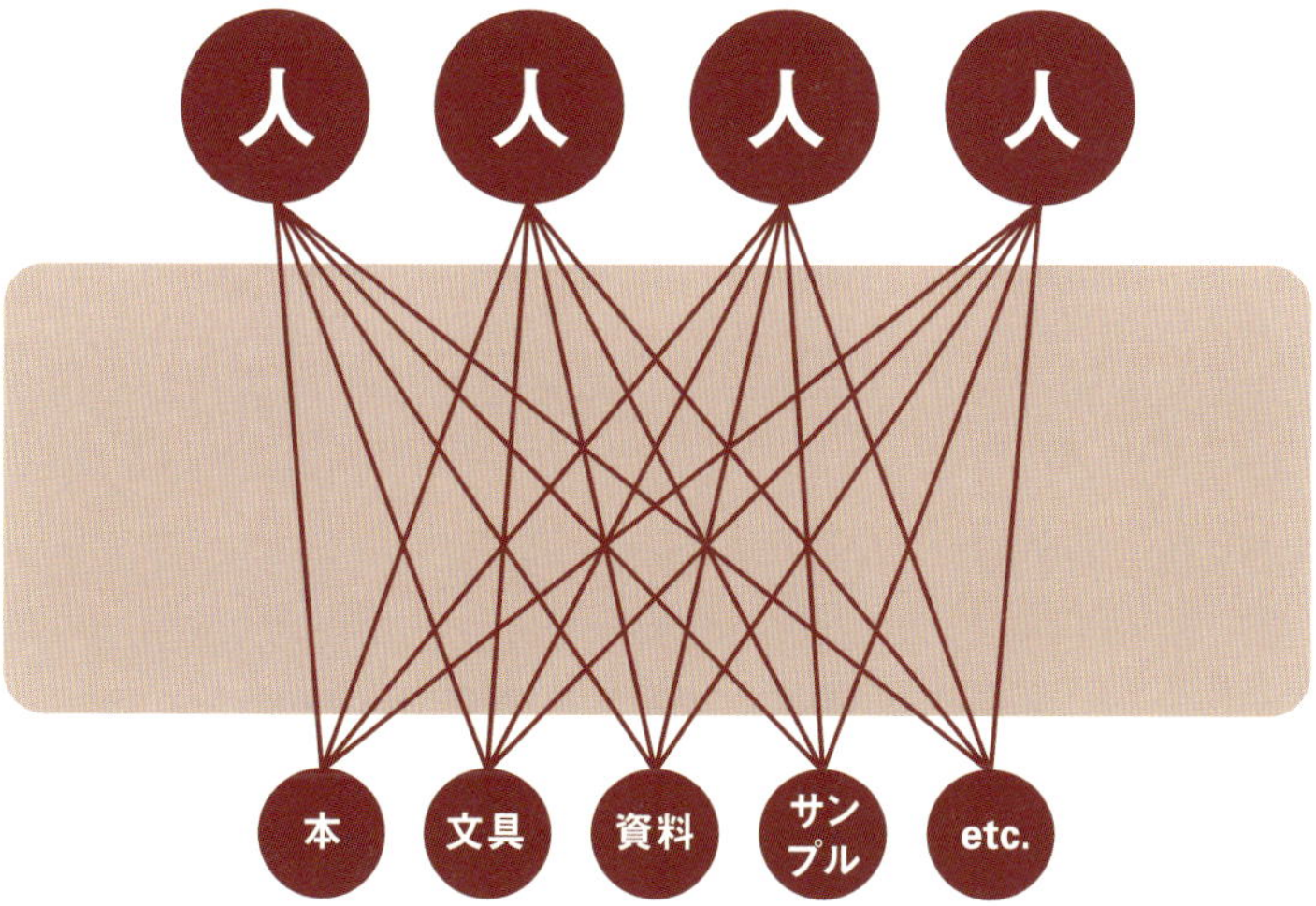

働く場の永遠の課題、収納

必要なものが必要な場所にあって、無駄なくすっきり収まっていたら、それだけで気持ちのいい空間になる。それはオフィスに限らず、家庭も同様だ。

わかっていても、実現するのは難しい。いますぐ必要でなくても、いつかその書類は見返す必要があるかもしれない。使わないかもしれないけれども、捨ててしまうのはとても不安。収納とダイエットはどこか似ていて、理想を定めても実現するのは至難の業だ。

1年見なかったら捨てていい

プロジェクトチームは、持ちもの調査をしながら、リノベーション後の収納量についても説明した。各部門のリノベーションメンバーにも、定期的なミーティングを通して収納量を伝え、そこに収まるように整理・処分するよう告知した。

とにかくものは増え続ける。ものをつくり、ものを売る会社だからなおさらだ。

「広いべつのところに引っ越すわけではありませんから、リノベーションしたからといって収納量が増えるわけではありません。建物は、大きくならない。持ちきれないなら整理するしかないんです。べつの場所に借りている倉庫にしまうか、処分するか。総務人事部としてはそういう、乱暴な言い方になっていました」

高梨はそう言うが、半ば強制的に進めないと、進まないこともあっただろう。建物は大きくならないし、同じ場所だけに発想の転換もしにくい。スイッチが、なかなか入らなかっただろうと高梨は振り返る。

オフィスはきれいにしたいし、きれいになったら嬉しい。このままじゃだめだとみんな思ってはいるけれども、行動が伴わない。そういう負の連鎖は、断ち切らないといけない。

また、段階的に行われたリノベーションは、工事が始まる前にまずものを整理し、減らす必要があった。各フロアの工事中は、3階にある会議室を仮のオフィスとして使用したのだが、その場所が狭いためである。

「オフィス家具メーカーにヒアリングしたら、『1年見なかった書類は捨てていいです』と。それが我が社にも当てはまるかはべつですけれども、ものを持ち続ける人の意識って、『なんで持っていないんだ』と言われるのがいやだからかもしれません。

でも収納量の上限があるのだから、捨てていいんだと言いました。仮のオフィスへの引っ越しを、処分の理由にしていいと。僕にはなんの権限もないんですけどね（笑）」

対して新井は、そこまで無理して捨てる必要はないと考えていた。

「ただ、使わないものはない方がいい。取捨を強制的にうながす役割を高梨が担ってくれて、受けいれるための器づくりを僕が計画していきました」

積み上げたらサンシャインと同じに

「持ちもの調査をしていても、大半の人が『これは絶対に必要』と言う。それは自分専用でないとだめなのか、部門で共有できるものなのか、優先順位をつけるとしたらどれくらいなのか。必要なものも、いらないものも、人によって違うので、一律で考えることはできません。なのでこちらも手を替え品を替え質問しました」

基本的な収納量の算出は、オフィスデザインの通例にならってファイルメーターを用いた。現状の収納量、減らしてほしい量、リノベーション後の収納量を、それによって示した。

衣服・雑貨部　MD計画担当の鈴木美登利は、リノベーションメンバーとして定期的なミーティングに参加し、収納についても部門内をとりまとめた。

無印良品を運営する会社と聞いて、さぞかし整然として、無駄のない収納になっているのだろうというイメージと実態は、大きくかけ離れていた。そのときに必要なものを積み重ねただけであったり、段ボールに入れるだけ入れて放置されていたり、手前にものを置きすぎて肝心の棚にはものが入っていなかったり。リノベーションで改善したいこととして収納を多くの人があげたのは、必然と言える。

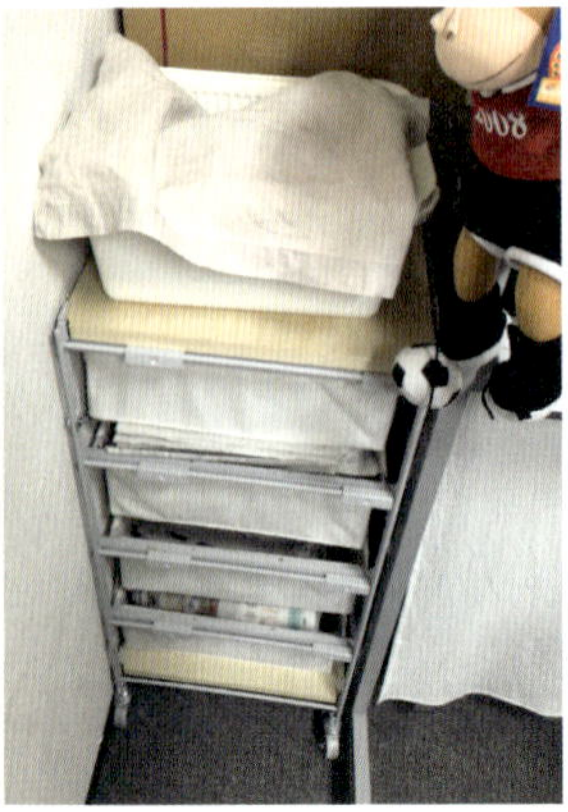

もはや誰のものか判別できない量の置き傘、書類の前を書類が覆い必要な資料が探しにくい棚、ものと棚のサイズが合っていないため無駄に余っている収納、冬のかさばる衣服の分量とまったく合っていないスペース……。どこから手をつけていいのか途方に暮れてしまいそうだが、プロジェクトチームは果敢に挑んだ。

「ものすごい量を廃棄しました。処分するものがエレベーターホールいっぱいになりましたから。でも、すごい量を捨てたから収まったというよりは、最大容量がこれだけですというのが見えていたことが大きいと思います。ただただ捨てろと言われたわけではないので」

良品計画には一般社員が業務をより良くするための提案活動「WH運動」がある。良いことは倍（ダブル＝W）、無駄は半分（ハーフ＝H）という意図で2008年から開始された。2011年、総務担当から「全社で使用するコピー用紙を半減しよう」という提案があった。その際、各部に公開された2010年のコピー用紙使用量はA4サイズとA3サイズを合わせて350万枚。その数字に驚き、各部が対応した結果、11年には65万枚、12年にはさらに75万枚を削減し、2年で4割弱のコピー用紙の削減を行い、現在も同水準の使用量を維持している。

当時の気づきをきっかけに、極力コピーを取らず、保管も出力でなく電子化するように方向転換した。それを今回のオフィスリノベーションで、さらに徹底するよう心がけたと鈴木は言う。

「個人で持たずに共通で持つという考え方も徹底しました。個人の引き出しにしまい込まず、そして紙データでなくPDFデータで保管する。共有の棚を個人で占有していたりしたのもやめましょうとアナウンスして、無駄と思えるものを省いていきました」

衣服・雑貨部はリノベーション前は5階にあった。工事を機に一度3階に移り、リノベーション後は6階に移動。そのたびにリセットされていったのを実感したという。

また、どの棚をどの部門が使うかは決まっていたが、リノベーション後に同じフロアになる他部門と確認し合い、動線上変更した方がより使いやすいところは新井に修正してもらった。リノベーションメンバーの打ち合わせの際にそのやりとりは行われ、情報を共有した。

リノベーションメンバーとなり、衣服・雑貨部に所属する100人近い社員にミーティングのたびに報告し、速やかな作業をうながすことは大変だったはずなのに、リノベーションしてきれいになって、結果的に収納量も増えたいま、大変だった記憶は薄れているんですよと鈴木は言う。

「ものをつくる部門ですから、サンプルや直近の商品など、書類以外のものを減らすのは難しい。でも書類はこのリノベーションをきっかけに、大幅に減らすことができました。

不思議なもので、紙で出力してファイリングしちゃうと、もう見ないんですよね。あるということの安心感なのでしょう。紙で持つ必要のないものはデータで共有することがルール化できたと思います。それも今回のリノベーションの目的だったのではないでしょうか」

誰もいらないものが保管されている

たくさんある部門のなかで、最も書類を持つのが経理部だろう。良品計画に限らず、どこの会社でも同じではないだろうか。

「確かに、経理は書類の文化、紙の文化というものがあります。用済み・廃棄できるものもありますが、大半は法令だったり社内の規定で保管を義務づけられている。ですから保険の意味もあって、かなりの量を保管していました」と言うのは、経理担当の宗実亮だ。

リノベーションをきっかけに、それを減らさないといけない。宗実は経理財務部に配属になって2年目。それまでは約10年間店舗に勤務し、その後企画室に在籍していた。経理に所属してきた時間が比較的短いこともあり、積極的に取り組めたという。

「肥大化した書類の量を、これを機に見直しました。捨てられるものは捨てる。倉庫に送るものは送る。本当に必要なのかなという書類が多かったのも事実です。手元に置いておきたいという強い意志がなくても、自分がいるときに捨てなくてもいいのではという感覚だったのかもしれません」

宗実と共に整理にあたった佐々木朋穂も同調する。

「相当量の書類がありましたが、誰が管理しているものなのか、曖昧なものがありました。まずは誰が管理しているファイルなのかを明確にするために、付箋を貼っていきました。そうすると、付箋が貼られないファイルが出てくる。それはおそらく、誰にとってもいらないものです。そうやって減らしていきました」

付箋が貼られていないファイルも、誰かのものではある。でもそれに貼らないということは、そもそも自分の書類という意識がなかったのではと宗実は推察する。

リノベーション前、経理財務部は20のキャビネットを使用していた。それがリノベーション後は14まで減らせた上にまだ空きがあるので、実質的には半分くらいになったという。

「これまでは、見たい書類や調べたい書類があっても、たくさんありすぎて探し当てるのに必要以上に時間がかかっていました。100の中から探すより、10から探した方が当然早い。リノベーションを機に、探しやすくなりましたし、管理もしやすくなりました」（宗実）

「ただきれいにするために整理するのではなく、会社にやらされるのでもなく、自分たちのためにやる。リノベーション後のオフィスは、整っていることの良さを感じます」（佐々木）

総務人事部といった部門も、書類は多い。これらの部門の書類は契約書をはじめ機密書類が多く、部屋ごと鍵をかけてしまう。いわば「見せない収納」だ。経理の書類は頻繁に確認する必要があるため、「見せる収納」にしまう。新井もこの点を考慮し、機密性の高いものからそうでないものまで割り出し、収納形態と方法を変えた。

- **鍵付きクローズ収納…執務エリア奥のクローズ収納内へ集約**
- **個人所有物…鍵付きロッカーもしくは鍵付きキャビネット**
- **共有備品…収納ボックスに入れてオープンに**
- **オープン収納…資料や備品は扉なしの棚で出し入れしやすく管理**

それでも完成ではない。これからも、より使いやすく変え続けるはずである。

鍵付きクローズ収納

鍵管理の必要なものは、部門ごとに執務エリア奥のクローズ収納に集約。より機密性の高い管理系の書類などは、電子錠によってブースごと施錠できるようにした。

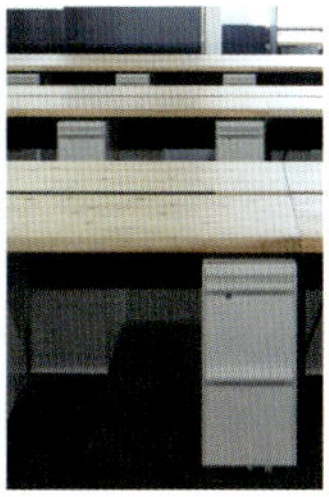

個人所有物の管理

鍵付きロッカーもしくは鍵付きキャビネットにて管理。私物は基本的にスタンドファイル４個までと規定して、不要なものは持たないようにルールを徹底した。

共有備品

各フロアに設けた共有スペースに、文房具などのシェアができてセキュリティが不要な備品を設置。わかりやすく、整然と、オープンに管理している。

オープン収納

備品同様、共有できて鍵管理の不要な資料は、オープン収納へ。扉を設けないことでワンアクション減り、取り出しやすく、戻しやすいように計画した。

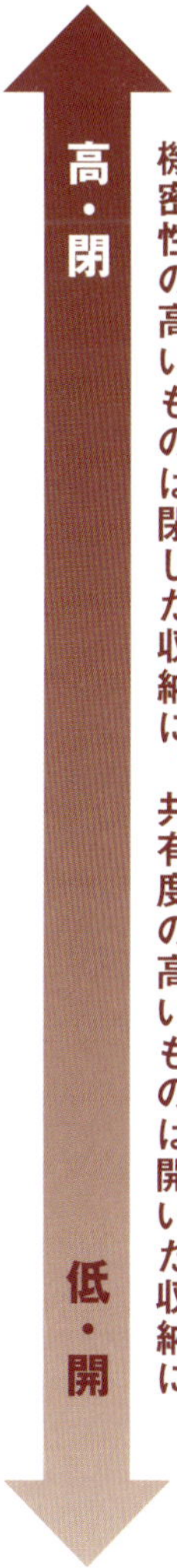

機密性の高いものは閉じた収納に、共有度の高いものは開いた収納に

段階を経て、蓄積させていく

収納できる量に合わせてものの持ち方を再構築していく作業が進むなか、各フロアのレイアウトも考察が重ねられた。

どのフロアにどの部門が配置されるのがいいのか、そしてフロアごとにどんなレイアウトにするのがふさわしいのか。全体像を、まず角田が考えた。

「どの人たちがどのフロアで働いていることが正しいのか。会社からは、グローバルな本社にしたい、外部との会議ができるスペースをしっかりとってほしいといったリクエストもありました。部門同士の相性も考慮して、偶発も必然も含めてコミュニケーションが取れる構成にしたいと考えました」

また、厚生労働省令である労働安全衛生規則によって定められた、労働者ひとりあたりの労働環境に基づいたフロア構成を心がけた。結果、フロアによってひとりあたりの面積にばらつきが出ないようにしている。

上層階へ行くほど、セキュリティは高くなる

加えて、予算内に収まるようにすることも、大切な要素だった。これまでの店舗の出店や改装を通して培った視点で、内装投資や人工《にんく》にいくらかかるのか、どのくらいの工程になりそうかといったことを計算して、各フロアの工費を見積もった。

自社だからいくらかけてもいいという考えは、そこにはない。プロジェクトのリーダーになる以上、経営の視点からのコスト意識を持つべきであり、今後、良品計画がオフィスリノベーションをビジネスにしていくためにも、コストに関してはシビアに取り組むべきだと角田は考えた。

結果的にフロア構成は、このようになった。（部門名称・配置は2017年9月現在）

1階：受付、商談室

2階：宣伝販促室、WEB事業部、メール室、サロン

3階：品質保証部、研究技術部、食品部、カフェ・ミール事業部

4階：商品展示室

5階：生活雑貨部、生産部、お客様室

6階：販売部、チャネル開発部、業務改革部、事業開発担当、衣服・雑貨部

7階：店舗監査室、本部・グローバル監査室、企画室、店舗開発部、欧米事業部、東アジア事業部、西南アジア・オセアニア事業部、グローバル事業推進担当、流通推進担当、人事総務部、法務部、情報システム担当、経理財務担当

8階：イデー事業部、株式会社MUJI HOUSE、役員応接

1階には外部との打ち合わせができるよう複数の商談室を配置。2階にはサロンを設け、休憩スペースとしても、打ち合わせスペースとしても使えるようにした。そこから上層階になるほどに、機密性の高い業務を行う部門になっていく。

たとえば7階には人事、経理、法務、情報システムなどがまとまっている。このフロアには管理部門のみ入室できる、電子ダイヤル錠を設けた部屋もある。そうやってセキュリティレベルを明確に設け、フロア構成にも反映させることで、「人」「もの」「データ」が安全に行き来できて、メリハリのある環境を整えられた。

ものをしまいこまないレイアウト

前節で、収納形態と方法について触れたが、レイアウトによって「ものをしまいこまない」ようにもしてある。

一度フロアの奥まで持っていってしまうと、そこから動かさなくなってしまうのが人の心理というもの。そこで人が多く行き交うフロアの手前側にオープン収納を設置して、取り出しやすく、戻しやすいように計画した。奥に行けば行くほど鍵管理が必要な書類などのためのクローズ収納にしてある。

62ページから各フロアのレイアウトがあるが、基本的に、図面の上側になればなるほど、集中スペースになっている。そこが固定席であり、下側になるにつれて、共有スペース、フリーアドレスのスペース、そしてフロア共通の打ち合わせスペースとなっている。

単純明快なレイアウトだが、ここに着地するまでは紆余曲折あった。全社員に向けたアンケートで、「固定電話の数は一人一台は必要である」「デスクトップPCを使う必要がある」「集中して仕事ができる場所がある」「1日のデスクワーク時間はどのくらいですか?」といった質問項目を設けた。

これらの回答やミーティングでのヒアリングなどから、フリーアドレスになっても大丈夫な人数を部門ごとに算出したのだが、その人数と結果が違っていた。当初は「フリーアドレスで大丈夫」と言っていたけれども、「固定でないと難しい」という人が増えたためである。

働き方をそう簡単に変えられないということと、システムが追いつかなかったこと。その両面が、理由としては考えられる。そのため、レイアウト変更が必要となった。

ただし今後、フリーアドレス化は確実に進むというのが会社の見解だ。そのときにレイアウトを大幅に変更せずとも対応できるようなデスクを、新井は選択している。デスクに固定の袖机が付いているのではなく、ワゴン式の収納にしてある。そのためワゴンを取り払えば足元のスペースが空き、フリーアドレスに対応できるというものだ。

ワゴン分の収納はべつにロッカーを設けることになるため、そこは変更が必要だが、大規模な工事は不要である。

気づきはどんどん反映していく

このような、想定していたこととはべつの事態が起きることに対しても、「完成させせないオフィス」は有効に働いた。

フリーアドレスの問題は、ひとつのフロアだけで起きたことではない。段階を経て時間差で各フロアを仕上げたことで、設計変更は最小限にとどめることができた。

とは言え大きな反省もある。2階は第2期工事と比較的早い段階で行われた。ここには宣伝販促室が入っている。宣伝販促の重要な業務のひとつにカタログ制作があり、文字のチェックや写真の色の確認などは、どうしても紙で行う必要がある。校正紙は大きなサイズで、一定期間は保管が必要なものである。

だから校正紙の保管スペースを確保してほしいとリクエストを受けていたのに、充分に満たすことができなかった。やっと確保できた保管スペースも棚の上部のため、校正紙の出し入れが非常にしにくくなってしまった。

この反省は、第3期以降の工事に反映されている。しかし相応のコストがかかる改善ゆえ、宣伝販促室の収納にはまだ着手できていない。

使いにくさに不満はあるが、事情は事情として理解して、宣伝販促室は対策を練った。カタログや販促物を制作するために必要な参考資料の共有化を強化し、複数あるものは整理した。これでかなりの量が減らせた。

また、隣り合っているWEB事業部は、比較的持ちものが少ない部門である。事情を伝え、その収納スペースを融通してもらうこともしている。困ったときはお互いさま、融通が利くのは、日々のコミュニケーションのおかげだろう。

1階

受付
商談室

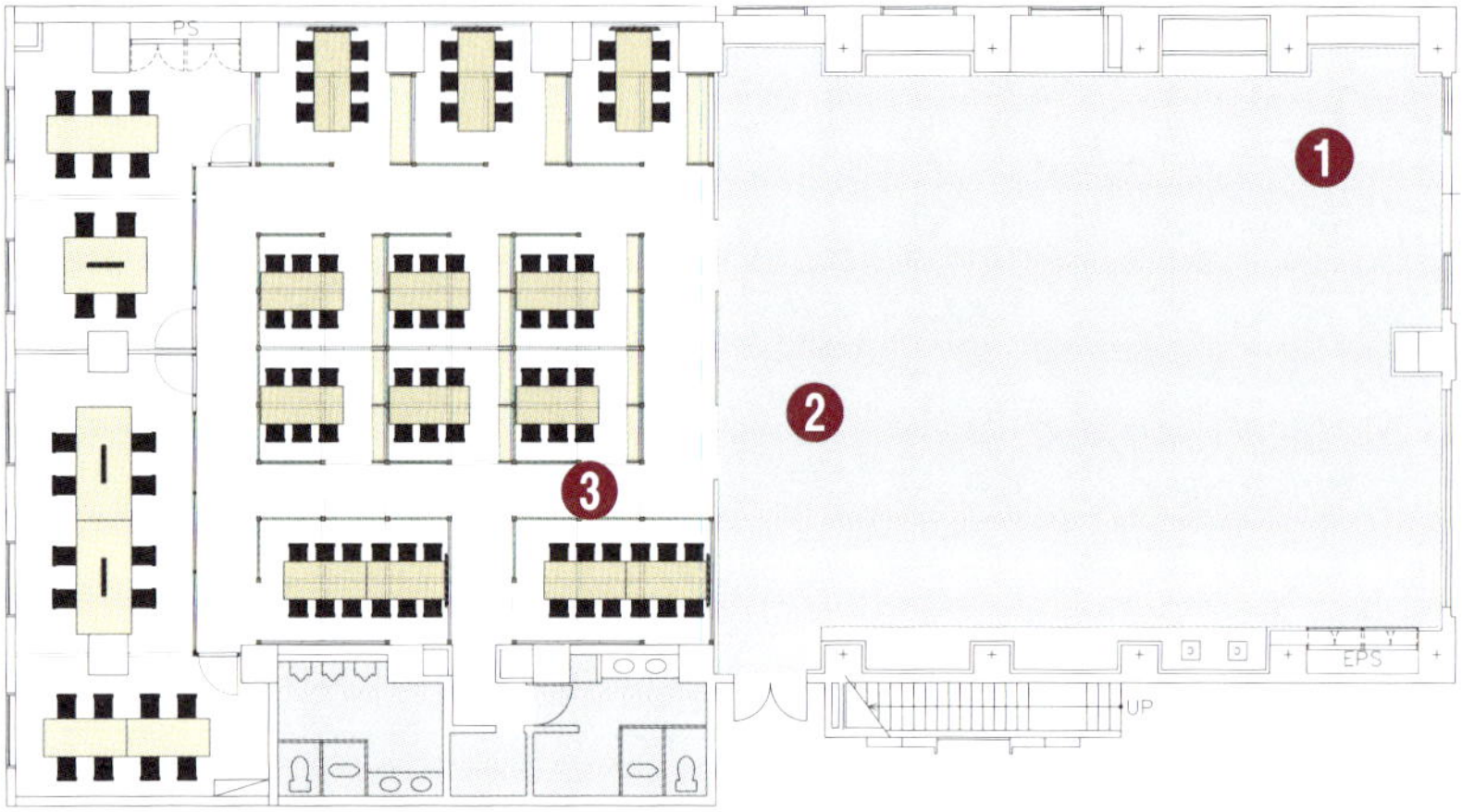

❶展示スペース

❷待合スペース

❸ブースサイン

2階

宣伝販促室　メール室
WEB事業部　サロン

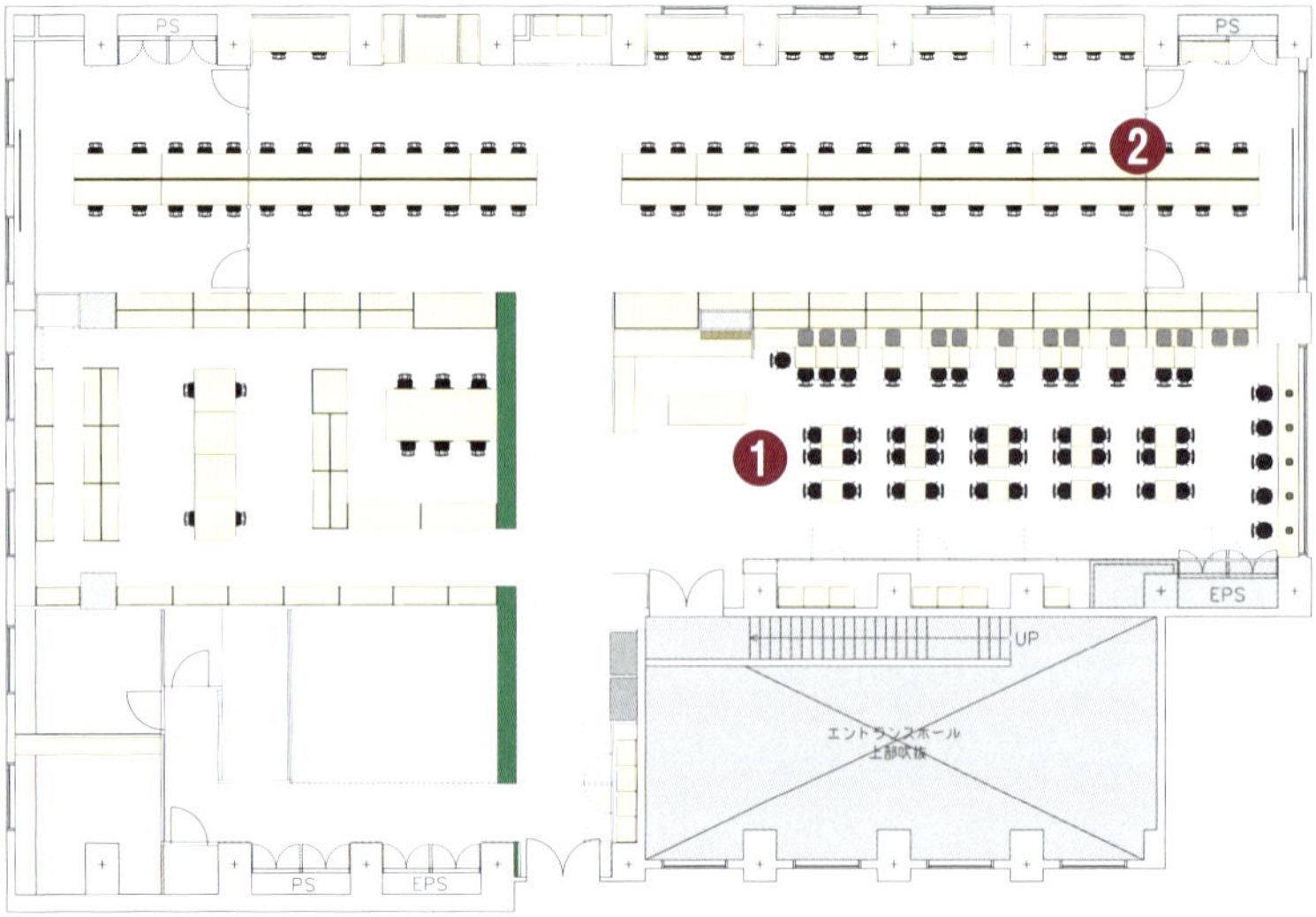

❶サロン

❷執務スペース

※部門名称・フロア構成は2017年9月現在

3階　品質保証部　食品部
研究技術部　カフェ・ミール事業部

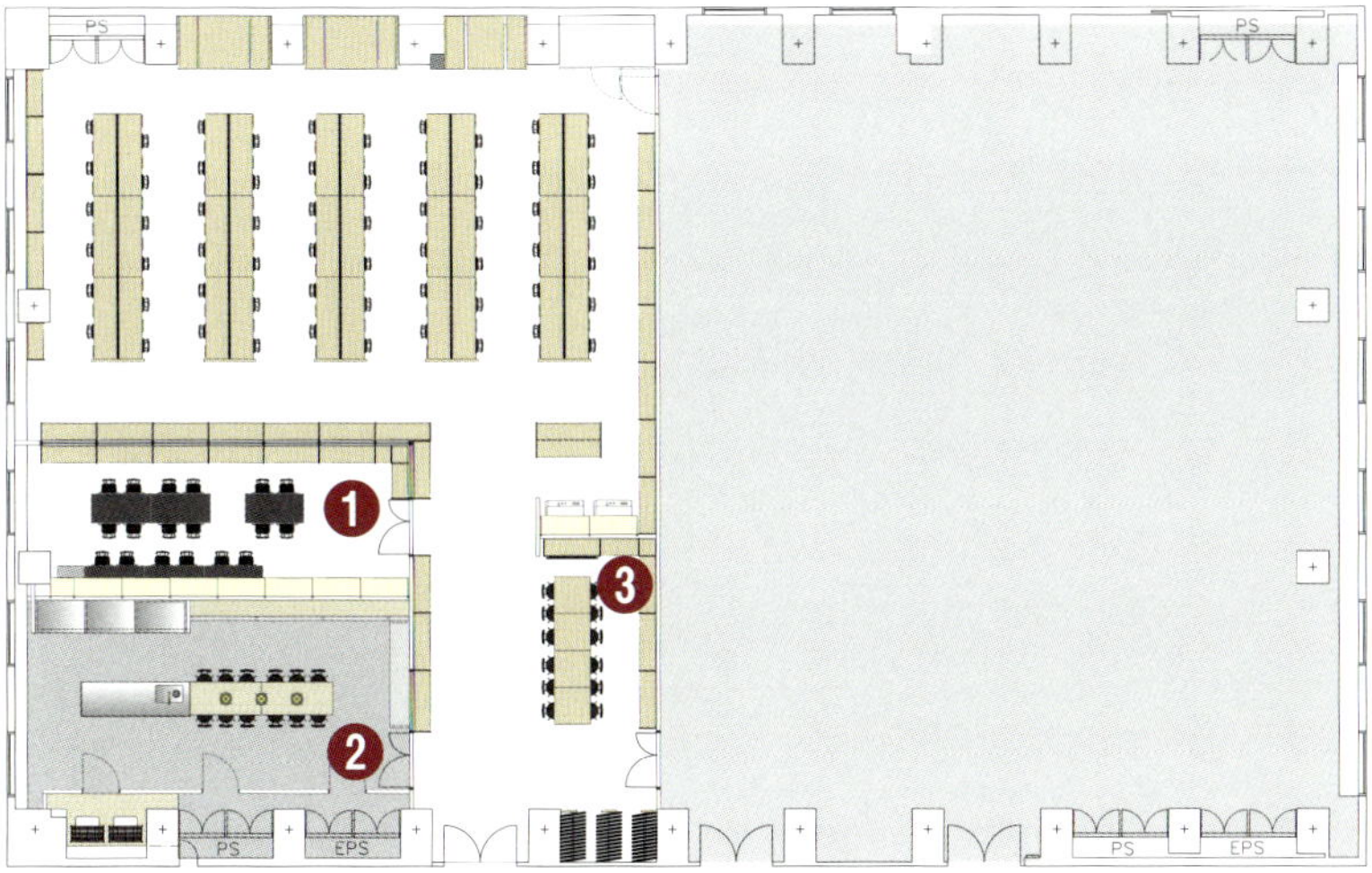

❶品質保証部

❷テストキッチン

❸収納スペース

5階　生活雑貨部　お客様室
生産部

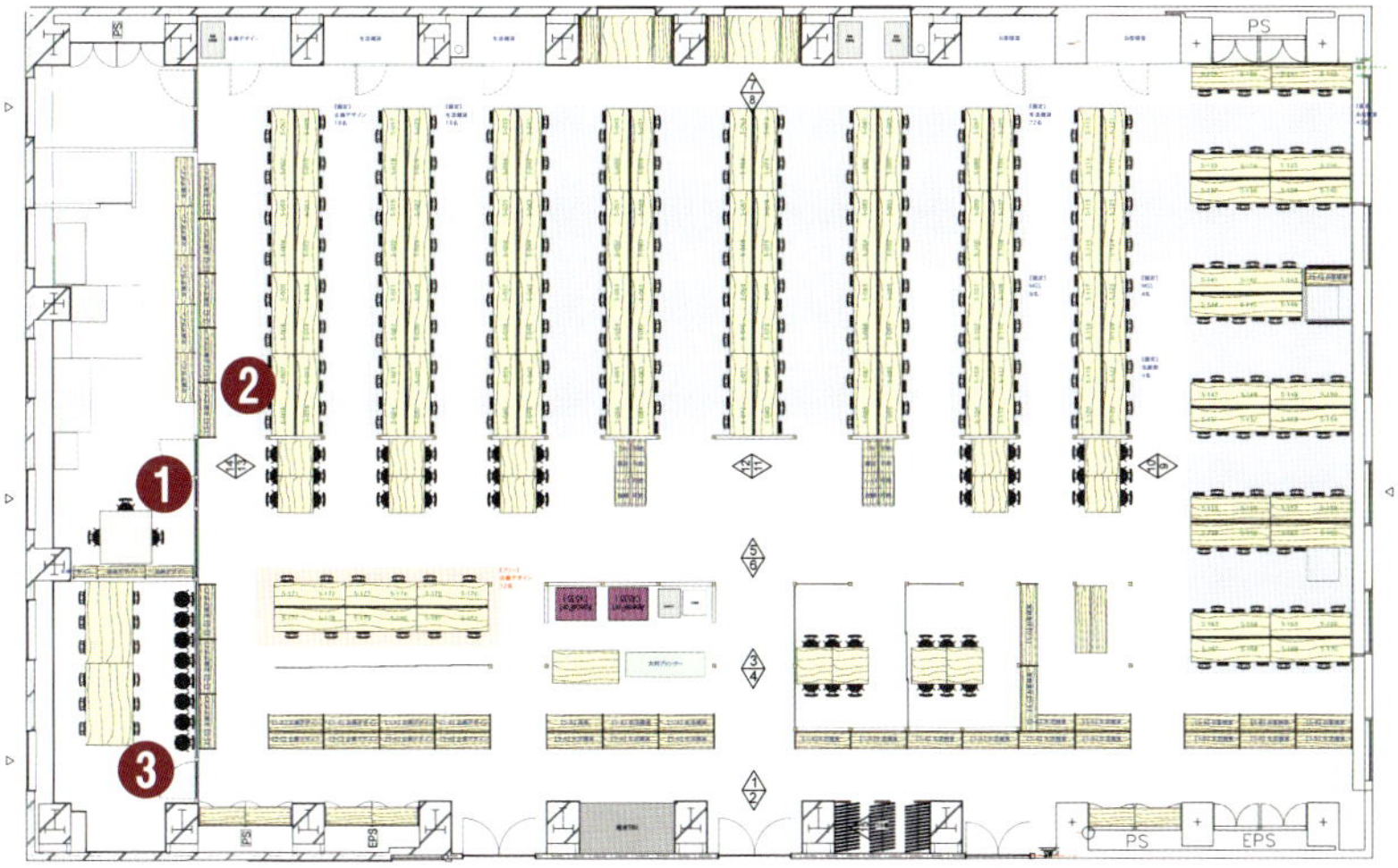

❶工房

❷サンプル収納スペース

❸会議室

6階

販売部　業務改革部　衣服・雑貨部
チャネル開発部　事業開発担当

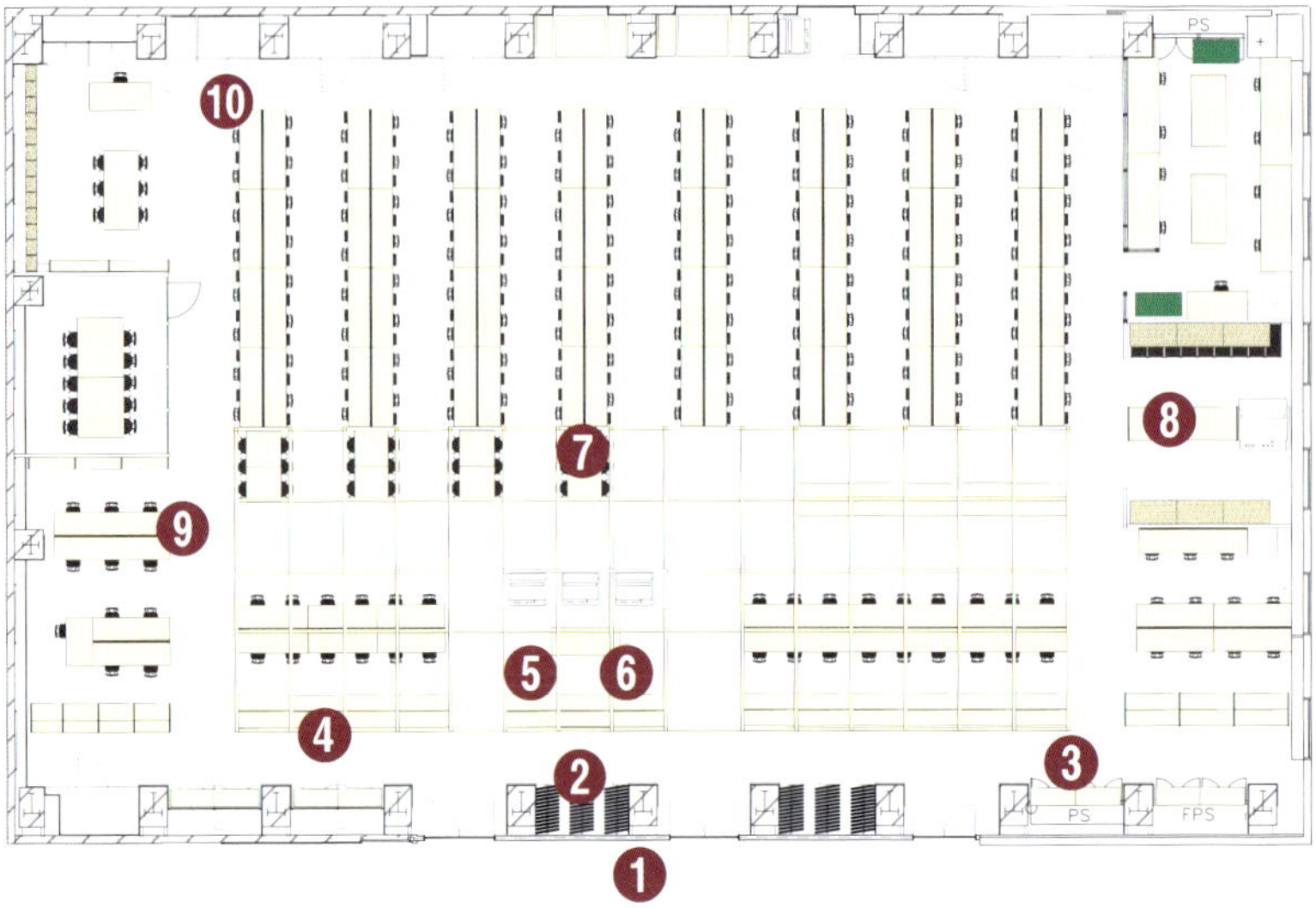

❶フロアサイン

❷ワードローブ

❾防災セット

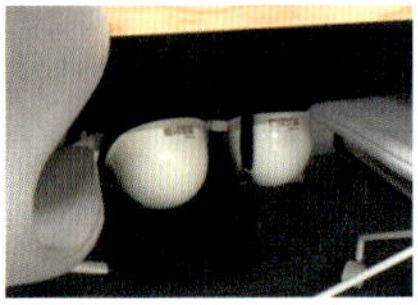

❼モニターケーブル

❺掃除用品

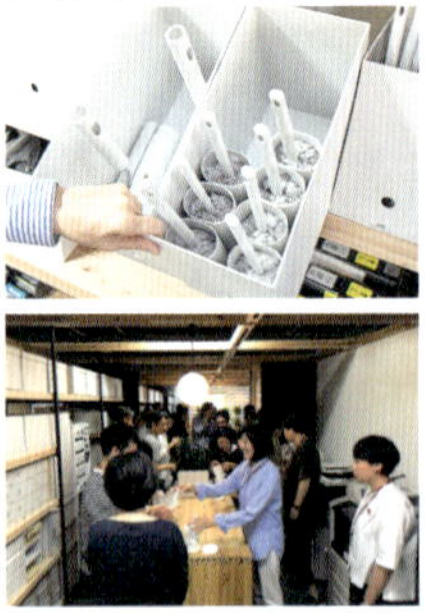

❸傘立て

❿デスク

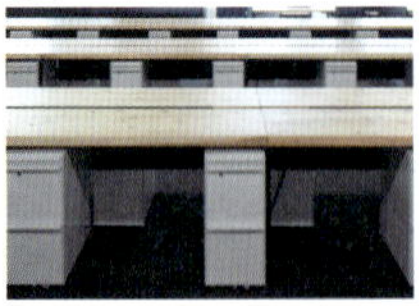

❽サンプルブース

❻共有文具

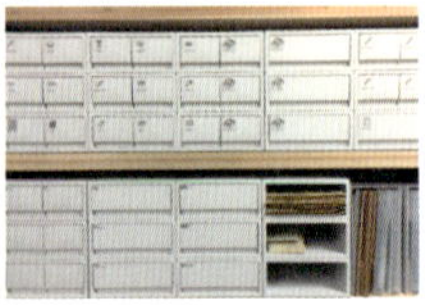

❹収納用品・ラベル

※部門名称・フロア構成は2017年9月現在

7階

店舗監査室
本部・グローバル監査室
企画室
店舗開発部
欧米事業部
東アジア事業部
西南アジア・オセアニア事業部
グローバル事業推進担当
流通推進担当
人事総務部
法務部
情報システム担当
経理財務担当

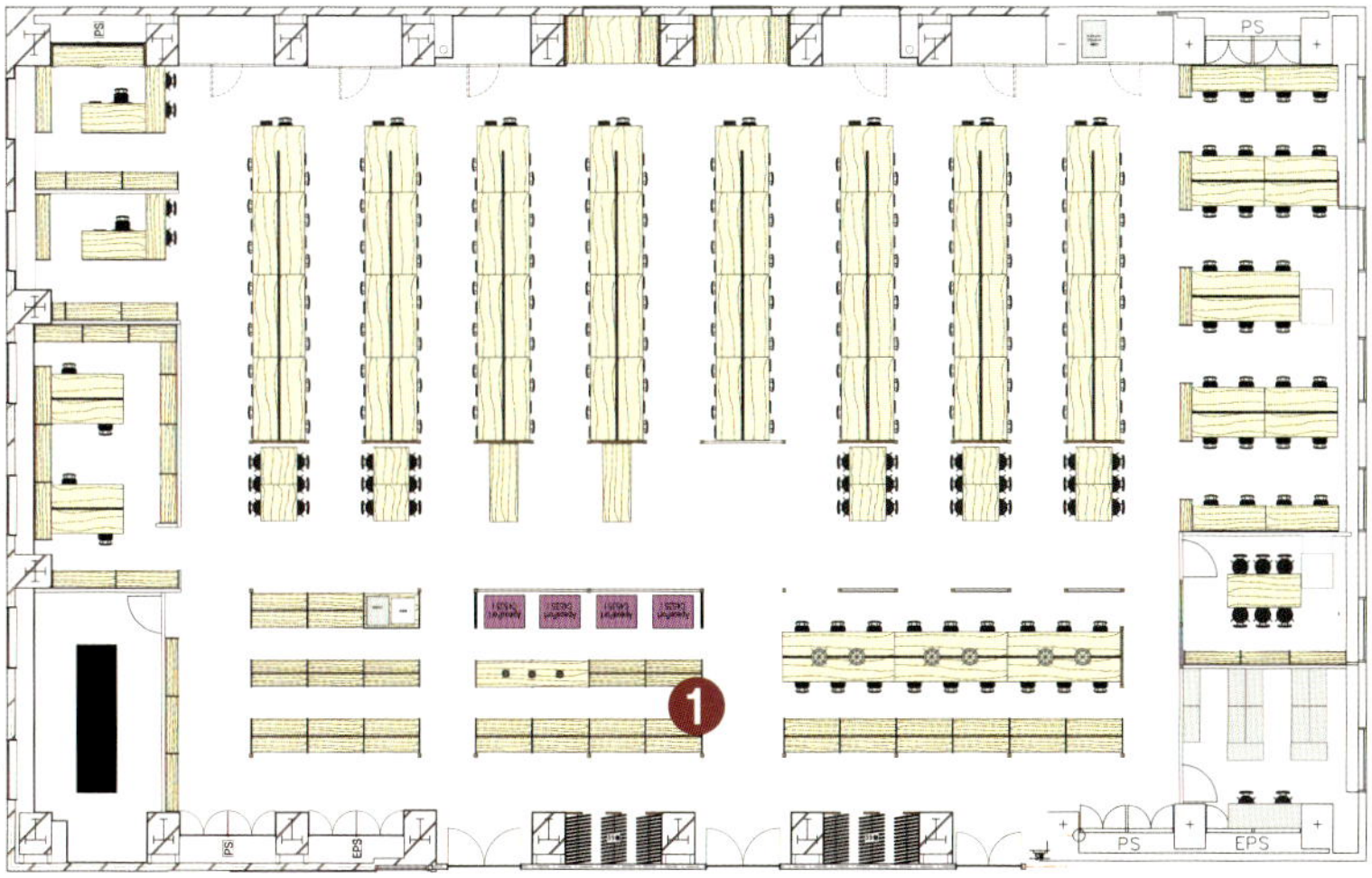

❶収納・ラベル

8階

イデー事業部
株式会社 MUJI HOUSE
役員応接

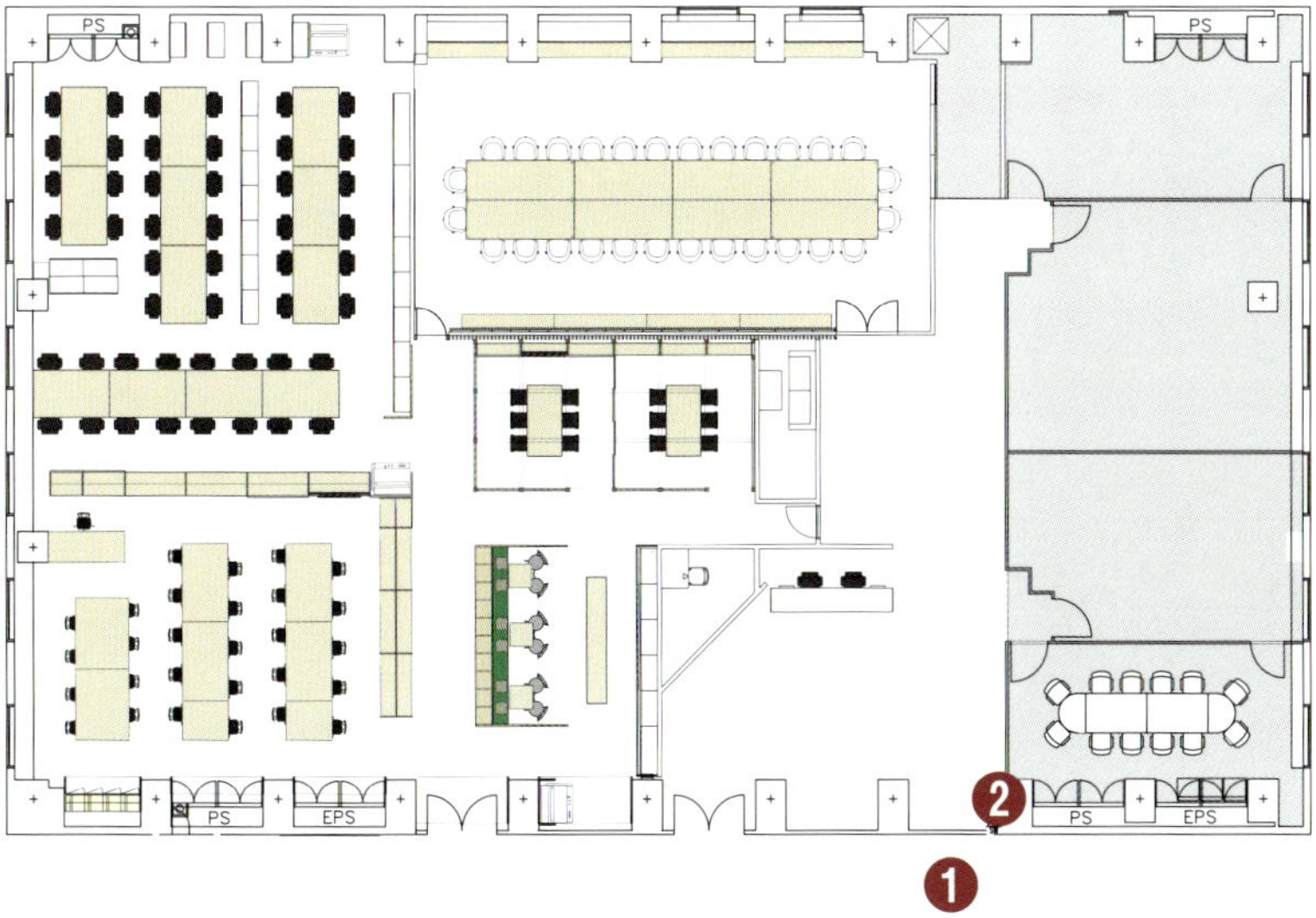

❶防災誘導セット

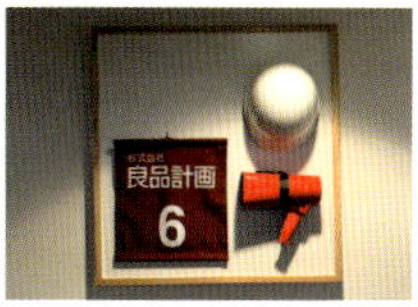

❷消化器カバー

オフィスに井戸端という考え方

社員全員へのアンケートから見えてきた、改善すべき大きなポイントは、「収納スペースをしっかりとってほしい」と「簡単な打ち合わせができる場所がもっとほしい」のふたつだった。

打ち合わせができる場所について、アンケートの回答を見ると、

「打ち合わせで使用したい時間が他部門と重なることもあり、応接室や商談室も含めまったく場所が取れないことがある」

「個室ブースが少ないので、まわりに聞こえないように相談したい内容が相談できません」

「社内打ち合わせスペースもないですし、社外の方にお越しいただいた際に、1階の商談室が満員であることも多く不便です」

といった声があがっている。

テーブルがなくても、人は集まる

実際、リノベーション前は各フロアの打ち合わせスペースはわずかしか取れていなかった。そして雑然としたオフィスには、外部の人を招き入れにくいという状況でもあった。

簡単な打ち合わせができる場所をどのようにつくっていくかというお題に対して、ＩＡの新井は知恵を絞った。

かしこまった会議というわけではなく、偶発も含めた活発な議論の場がつくれるといいのではないか。そして思いたったらすぐに集まれるような場所であってほしい。それには単にテーブルの数を確保すればいいということではないかもしれない……。

「そうやってプロジェクトチームで話していくうちに、人と人が話す、つまりコミュニケーショ

ンを強化するのに、テーブルを増やすことが最適解ではないかもしれないと思うようになりました」

そのときに出てきたキーワードが、「井戸端」である。

さかのぼること江戸のころ、長屋にある井戸のまわりに集まっては、世間話に花を咲かせ、日々の潤滑油となっていた。そこにテーブルがあったわけでも、椅子が用意されていたわけでもない。水を汲む「井戸」があるから、人は集まった。

ならばオフィスにも、自然とコミュニケーションできるような「井戸端のような溜まり場」をつくるといいのではないか。テーブルがたくさんあれば打ち合わせしやすいということではなく、ちょっと集まって、すぐに話ができるような多様な場所をつくる方が、コミュニケーションは取りやすくなるのではないだろうか。

新井はそう考え、各フロアに現代の井戸端を設けることにした。

なにかのついでに始まることも

「井戸端」と呼ばれる共有スペースは、どのフロアも出入り口のそばに設けてある。そこでは単にテーブルを増やすのではなく、行為と組み合わせた「溜まり場」をつくり、偶発的なコミュニケーションも含めた、活発な議論の場をつくることを試みている。

溜まり場は次のようなものである。

- 通路＋テーブル…メイン動線に沿うように配した打ち合わせスペース。行き交う人びとが即座にやりとりできる場となる
- ゴミ箱＋カウンター…スタンディングの打ち合わせカウンター。ゴミを捨てる行為を、出会いのきっかけにしている
- 隙間＋カウンター…オープン棚そばの隙間を活用してカウンターを設置。簡単な打ち合わ

せがすぐにできる
・収納＋カウンター…共用の参考資料を腰の高さほどのシェルフに収納。その上部をカウンターに。同時に複数のグループが打ち合わせでき、隣り合うグループが意見を交わすきっかけもつくる

「座ること」より「集まること」を重視し、部門間だけでなく同じフロアにいる人たちが気軽に集まれるような場所をそこここに設けた。

共有スペースにはそのほかに、井戸端会議ボードやプリントステーション、シェア文具セット、掲示板などが集約されている。「打ち合わせをする」「アイデアを出す」「ものを共有する」「一息入れる」「再利用する」など、さまざまな行為がなされる場所でもある。

この共有スペースは、本社の社員はもちろん、店舗勤務のスタッフもやってくる。年に2回行われている展示会の時期には、国内のみならず、海外からも多くのスタッフが本社を訪れる。不特定多数が集うことを前提につくられているため、彼らも違和感なく過ごせる場所となっている。

無印良品らしいという声が

共用スペースに設けた打ち合わせスペース以外にも、各フロアに会議室はある。一部を除いてガラス張りにしてあり、部門やフロアの一体化を感じさせる。防音仕様を施してあるため、会議をしている人はその内容を外に漏らすことなく進めながら、いま、誰が、どんなことをしているのか、その空気を周辺が共有できる仕掛けだ。

フロアごとにも工夫を施した。たとえば生活雑貨部のある5階の会議室は、中央を間仕切りできるブース席を設置した。生活雑貨部は打ち合わせの機会が多いため、ほかのフロアに比べて会議室を広く取ってある。間仕切りを設けることで、参加人数に合わせて1室もしくは2室にして使用できるようにしたのだ。

コミュニケーションを生む仕掛け＝「同じ行為を共にする」空間設計

打ち合わせという行為を持てる場所が少なかった

フロア中央に打ち合わせスペースを設ける

井戸端会議の要素分解

井戸があり、そこに行けば水が汲めるから人びとはそこに集まった。そこで会話が生まれ、日常の交流がスムーズに行われていた。

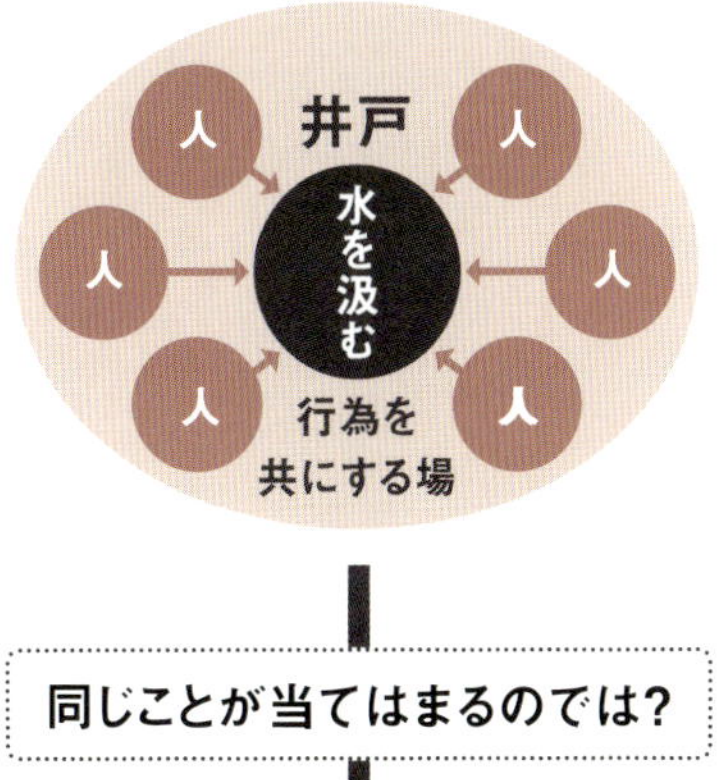

オフィスに井戸端の要素を

オフィスに、気軽に集まれて会話や議論ができるような場があれば、約束をしなくとも、自然発生的な打ち合わせもできるようになるだろう。そこは現代の井戸端となる。

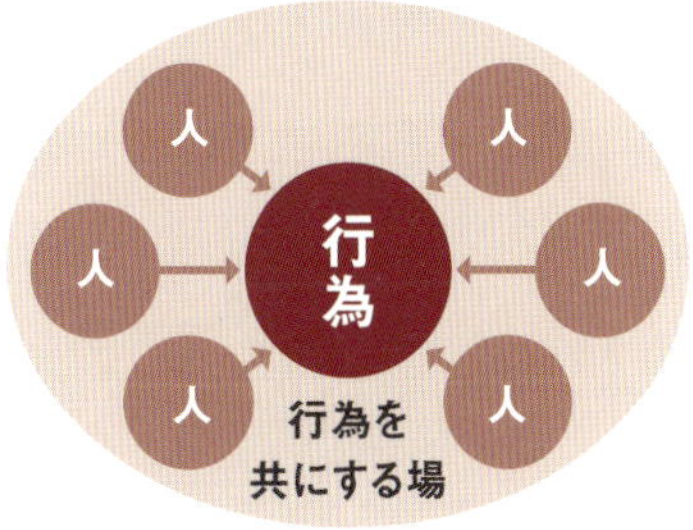

コミュニケーションを生む仕掛け ≠ テーブルを増やす

単にテーブルを増やすという発想ではなく、立ったままでも気軽に打ち合わせできる場所を設けるなどして、行為をうながす空間となるように考えられている。また、人の流れが活発なフロア手前から中央にその場所をつくっている。

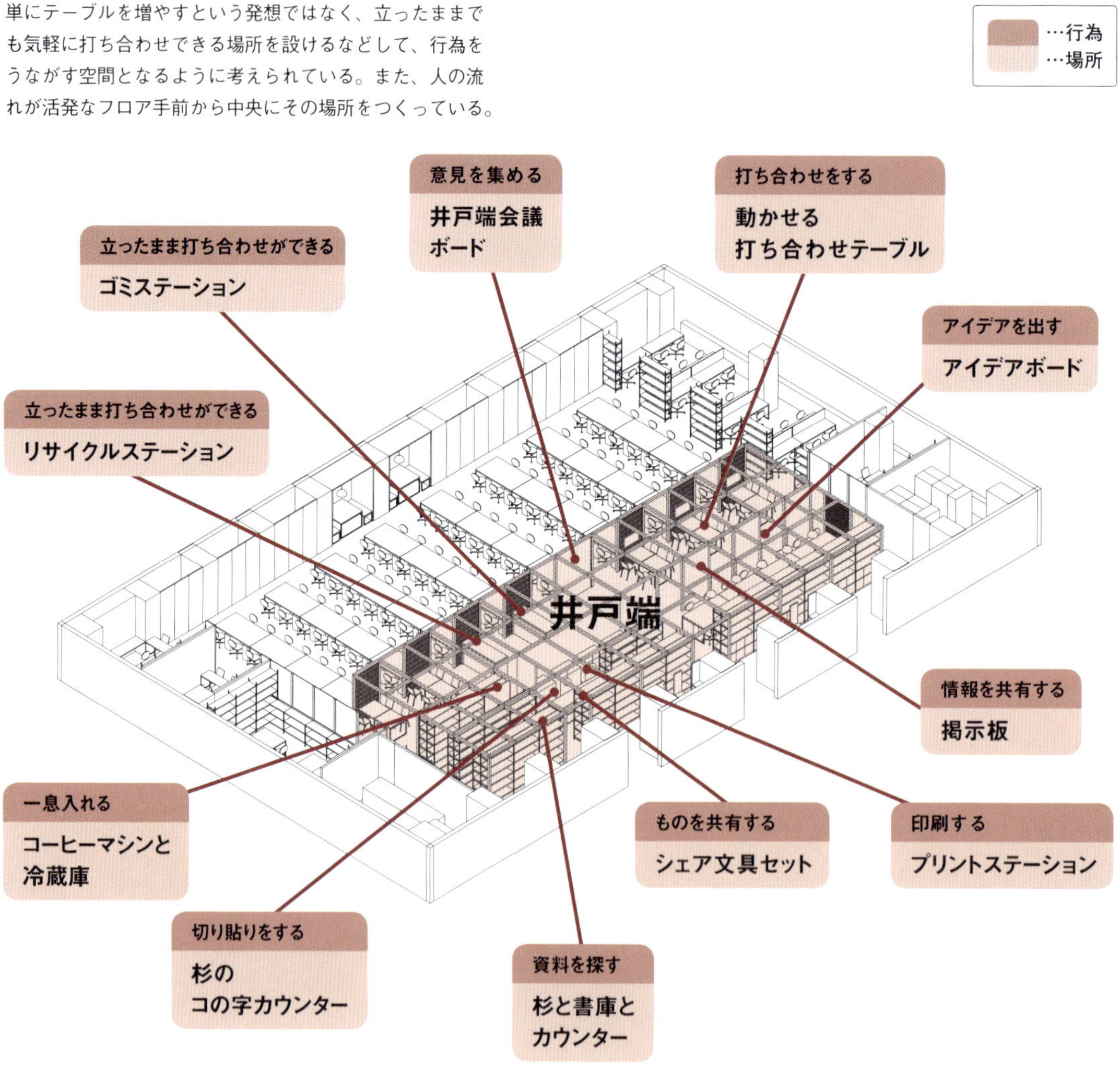

そのほかにも、壁際の柱間を利用したボックス席をつくったフロアもある。さほど広くないものの、三方を囲われた空間は集中して作業にあたれる。

取締役会など重要な会議が執り行われる8階の大会議室も、杉材のテーブルを採用。広い天板が空間に統一感をもたらしている。

外部との打ち合わせを集中的に行えるスペースが、1階の商談室である。杉のグリッドでブースを分け、同時に15組までの商談が進められる。部屋は大小さまざまあるので、人数によって使用する部屋を使い分けられる。

また、商談室手前の来客用エントランスにも小ぶりの円形テーブルを複数設置。簡単な打ち合わせはここでできるようにしてある。

1階はほかのフロアに先がけた、第1期工事である。多くの人が訪れる、「良品計画という会社を外部に印象づける場」でもある。杉の木の家具が多用され、シンプルかつ無駄なものを省いた空間となったリノベーション後、商談に来た相手から「無印っぽいスペースですね」という声が多く聞かれるようになったという。

やはり、どんな場所で働いているかというのは、大切なことなのだ。「良品計画」や「無印良品」が持っているイメージとオフィスの雰囲気がかけ離れているより、イメージとオフィスが呼応し合っている方がいいのは当然のことだし、「感じ良いくらし」を想起させるオフィスである方がいい。

自分たちでオフィスリノベーションを手がけることで、当たり前のことをいま一度見直し、改善するという姿勢を持てるようになった。その姿勢を持ち続けることも、「完成させないオフィス」という言葉に込められている。

そして井戸端は時空を超えて、良品計画に活気を与えている。

いきいきと働く風景を生む「井戸端」

隙間＋カウンター

オープン棚によって生まれた隙間にもカウンターを設置。簡単な打ち合わせや資料のとりまとめが可能に。

通路＋テーブル

メイン動線に沿って配した打ち合わせスペース。活発なやりとりを生みだすきっかけも担っている。

収納＋カウンター

カウンター下の棚には共有の参考資料があり、誰もが閲覧可能。棚の長さは６メートルあるので、複数の打ち合わせが行える。

ゴミ箱＋カウンター

ゴミを捨てるついでに、雑談しながら新たなアイデアが生まれるような、立ったまま打ち合わせができる場所。

空気感が伝わる「見える会議室」

ボックス席

柱間の隙間を利用して、ボックス席を設けた。終日かけてのチーム作業などは、ここで密に行うことができる。

2階会議室

各フロアの会議室は、すべて執務エリアの隣に配置。防音仕様なので機密性は保ちながら、気配は共有できる。

5階ブース席

生活雑貨部は特に打ち合わせが多いため、5階には中央を間仕切れば可変的な使い方ができるブース席を設けた。

5階会議室

こちらもガラス張りで防音仕様。誰がいまどんなことをしているか、そのライブ感が伝わる。

完成させないから進化が続く

２０１６年11月。半年近くかけたオフィスリノベーションが、ひとまずの完成をみた。各フロアを時間差でリノベーションし、改善点を次に行うフロアに反映させながら、良品計画本社は生まれ変わった。

「どうすればいい？」という気持ちが芽生える

いままで働き慣れていた場所が、リノベーションによって新たな環境になった。フロア間の移動をした部門もある。それによって、隣り合わせになる部門が変わったところもある。

デスクが変わり、収納が変わり、打ち合わせスペースがさまざまに設けられ、動線も変わった。壁際にあった大きな棚が取り払われたことによって、窓からの光が入るようになって明るくなったフロアもある。あれだけ収納が足りなくなると困っていたのに、実際には収納スペースが余った部門もある。

リノベーション後のオフィスで働くようになって、一人ひとりに、少しずつ、いろんなスイッチが入るようになった。

たとえば収納ひとつとっても、さらに改善したいことが、いろいろ出てきた。

すっきりしたオープン収納になったけれども、使い方まですっきりできていない。引っ越し直後は整然としていたけれども、やっぱりものがあふれてしまう。本来はあけておくべきスペースなのに、個人の都合でそこにものが置かれてしまう……。

「環境が整っても、習慣になってきたことを変えるのはなかなか難しいということがわかりました。でもリノベーション前と違うのは、『こうしたらいいのでは？』と提案する人が出てきたんです。『どうやったらいいですか』と相談に来る人もいます」

新井が言うように、多くの人が、せっかく整ったオフィスを、もっと心地よく使いたいと考えるようになった。

ＩＡとして消費者にアドバイスしてきた経験をオフィスに置き換えて、新井はリクエストに応えた。共有の備品は、細かく整理しすぎない方が、多数が使う場合は混乱しない。なにが入っているのかの目印は、同じ位置に同じ素材で貼ることで、見た目も美しく、判別もしやすい。ものの大きさはいろいろあるが、同じサイズのケースに入れてしまう方が、結果的には使いやすい。

もっともっと、良くなるはず。そう考えるようになってきた。

「プロジェクトチームが働きかけたというよりは、そもそも変わりたいと思っていたけれどもきっかけがなかったということだと思います。リノベーションがきっかけで顕在化して、発言するようになり、行動に移すようになったということではないでしょうか」

総務人事部の高梨が言うように、変化には、きっかけが必要だったのだ。

経理がやったら言い訳できない

オブザベーションの際に金井が角田にリクエストした、自社製品を備品としてどこまで使っているかという点については、リノベーション後も考察が重ねられた。

事務用品メーカーの商品は、専業だけに耐久性などがよく考えられている。また、値段も安価に抑えられているものも多い。無印良品の商品が持つ統一感やシンプルさとはべつの魅力が、そこにはある。

しかし、実際に使ってみることで改善点は見えてくるもの。そう考えて、導入を進めている。たとえば書類用のファイル。部門によってはひとつのファイルに何百枚も綴じる必要があり、強度も耐久性も求められる。

改善点の実例①

雑然と荷物をしまっていただけの状態から、リノベーションによってまずはきちんと収納できる状態に整えられた。そこから収納ボックスが置かれ、内部のしまい方に工夫が施され、なにが入っているのかわかるように整え、同じものは同じ場所にしまわれるという好循環が生まれた。

ファイルを開閉する頻度の高さでも、綴じる書類の枚数の多さでも、群を抜いているのが経理財務部だろう。一度綴じたら終わりではなく、何度も確認する必要があり、５００枚、６００枚をひとまとめにしておかないといけない。

リノベーション後当初は、事務用品メーカーのものを引き続き使っていたのだが、現在はすべて無印良品のファイルに変えている。快適で機能的なオフィスを表彰する「日経ニューオフィス賞」に応募するにあたり、自社商品に切り替えようという話が出たのだ。

「でも、強度と耐久性のあるファイルが経理には必要なこともわかっていましたし、そこを無理に押し通そうとは思っていませんでした」と言うのは、小川から業務標準化委員会を引き継いだ赤峰貴子である。

「ほかの部門からも、作業効率や能率を考えたら経理財務部はやらないだろうと言われていたんです。でも、経理が変えたら、ほかの部門がもう言い訳できない」

経理財務部の宗実が言う。確かに、経理がやらなかったら、ほかの部門もやらなかったかもしれない。

「リノベーションして空間はきれいになったけれども、書類や備品は『ただ置いただけ』という感じがありました。会社の商品をきれいにきちんと使うことは、意味あることだと思えたんです。今後オフィスリノベーションをビジネスにしていくときにも、法人担当の人がセールスしやすくなるならという気持ちもありました」

同じく経理財務部の佐々木のコメントである。

「実際に使ってみて、なにが不足しているのかがわかる。事務用品メーカーのファイルの方がどうせ丈夫だし変える必要がないというのでは、話が進まないとも思いました。

デスクも、オフィス家具メーカーのものはやはりよく考えられている。リノベーション後の机は以前よりもスペースとしては小さくなったんです。まだ慣れませんが、デスクの上に本当に必要なものはなんだろうと考えるきっかけになっています。机の上を整理するようになりましたし、自分専用のものと兼用できるものについても考えるようになりました」（宗実）

一人ひとりの意識が変わり、オフィスのあり方が着実に変わった。応募した日経ニューオフィス賞は、推進賞を受賞した。

違う価値観を、もっと持とう

杉の木の家具は、各フロアの執務スペースから来客とのミーティングスペース、会議室、サロンにいたるまで、全フロアで使われている。デスクをはじめ、テーブル、シェルフ、ベンチ、カウンター、間仕切りにも用いられている。

統一感があり、無駄がない。良品計画のオフィスにふさわしいと思えるが、

「杉の木の家具を導入することが、オフィスリノベーションに対して本当に一番いいのか。すべての場所に同じ杉の木の家具を入れることがいいのか。さまざまな側面から検証をすべきで、どこまでそれをしたでしょうか。もしも違う家具を僕が使っていたら、それになっていたかもしれない。思い込みを振り払って、バイアスも外して、自分の価値観で思考をめぐらせることは大切なことだと思います」

そう言うのは、最初に杉の木のデスクを導入した清水である。

会社としてぶれることのない基本と、一人ひとりの価値観が合わさることで、より能動的になるだろう。違う価値観があることを認め合い、尊重しながら、最適な道を選んでいくことができると、仕事の時間はもっと充実したものになるだろう。さまざまな価値観が、オフィスを、仕事を、変えていくに違いない。

杉の木の家具は、法人向けオフィス家具として販売が始まっている。リノベーションでサイズや脚の素材の検証を重ねられたことが、商品開発に大きく役立った。この商品は受注生産なので、

改善点の実例②

実施しながら意見を集め、修正していく

フロアごとに改善を重ねていく

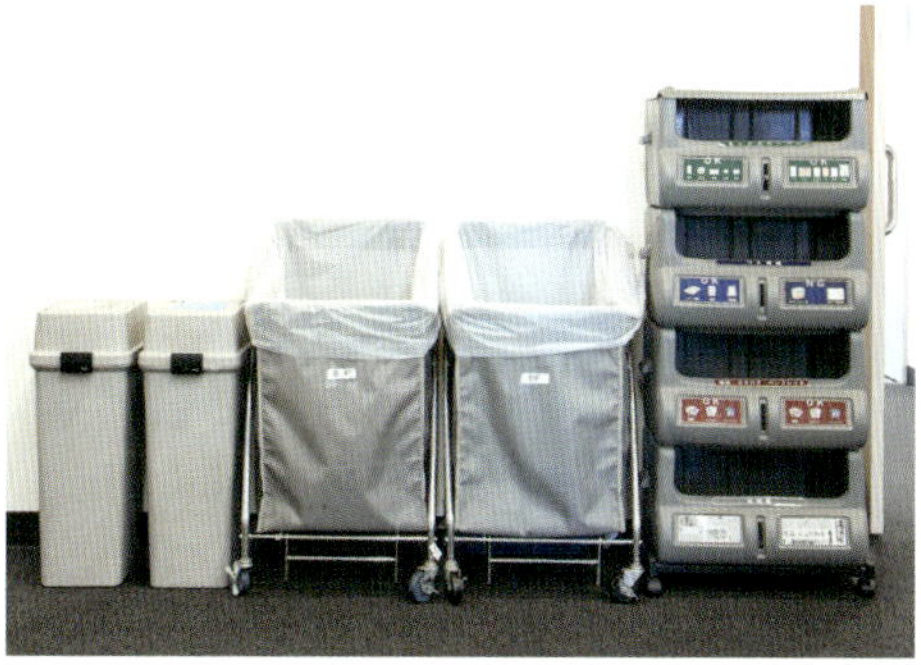

ゴミ箱は、フロアごとの工事のたびに特注し、どんなサイズのどんなデザインのものが使いやすいのか、表示の仕方なども含めて改善が重ねられた。現在も課題として検討している段階である。

改善のアイデア

壁の活用

共用部の囲いは圧迫感を感じるという声もある。ここにアートを飾ることも検討中。

情報を投影

情報を掲出するボードとして想定したが、抜け感を遮ることに。より積極的に使うことで、きちんと意味を見いだす。

一列にまとめる

ゴミ箱は６種の分別が必要で、カウンター下に裏表で設置すると、捨てるのに不便なことも。それを一列にするという案。

手元を明るく

デスクと照明の位置にずれがある箇所はボックス状の照明を設置。きちんと手元を明るくすることで作業しやすく。

改良を加えることが比較的容易に行える。実際に使ってわかることや改善点は、今後確実に反映することができる。

ものは持つもの増えるもの、それは変えられない

実は、手をつけていないフロアがある。

それは4階だ。ここは商品部が主に使っている。ものをつくる部門であり、たくさんのものを見る必要がある部門であり、つくったものを保管しておかないといけない部門である。つまり、ものが増え続ける部門である。

オフィスの大きさは変わらない。ものを減らせないのなら、外部に保管所や倉庫を借りる、もしくは部門ごと外に場所を移すことも検討すべきでは。これは総務の考えだ。

確かに一理ある。スペースは広くはならない。ほかの部門では大量に処分したのだから、やってやれないことはないと思える。

でも、商品部は譲らなかった。ものが手元にあってこそできるものづくりがある。ほかの部門と一緒の場所で働いてこそ生まれる発想がある。そしてものが増え続けることは、今後も変えられない。

ならば一度、立ち止まってみよう。無理矢理リノベーションするのではなく、ほかのフロアで気づけたことや改善点を検証しながら、最適解を見いだしていこう。解体・撤去までに留めて、可動式の棚を収納スペースにしてみよう。ものが多くても雑然としていない状態をつくり出してみよう。

ここまではゆるめずにきたリノベーションのスピードを、少し変えてみた。それで見えること、気づけることが、きっとある。ここは「完成させせないオフィス」なのだから。

進化の過程、オフィスのいま

２０１６年11月に、３階の一部と４階をのぞくすべてのフロアのリノベーションが竣工した。雑然としていて、ものがあふれ、劣化が否めなかったオフィスは、無駄なくシンプルになり、感じ良く働ける場所になった。

リノベーション前とリノベーション後を見比べてみると、本当にこれが同じ空間かというくらいの変貌を遂げている。リノベーション前のオフィスを思い出せないくらい、社員は新しい空間に慣れて、新しい働き方を見いだしているようだ。

収納スペースの上部を利用したカウンターで、すぐに打ち合わせができるようになった。整然と収められた備品は、取り出しやすく戻しやすくなった。自分のデスクで、誰と話すこともなく昼食をとっていたのが、２階のサロンで会話をしながら過ごすようになったという人もいる。

モヤモヤと感じていた小さなストレスが取り払われたことで、仕事について思いをめぐらす時間が増えたという人もいるだろう。環境が変わったことで、もっと良くなるように自発的に提案をするようになった人もいるだろう。せっかくきれいになったのだからそれを維持しようと、毎朝の清掃により励むようになった人もいるかもしれない。

当たり前のことを当たり前にできる環境が、今回のオフィスリノベーションによって整えられた。

自分たちの手でオフィスを変えたことで、多くの気づきを得ることができた。その気づきを、次に活かしていこうという思考を手にすることができた。いろんな働き方があること、いろんな人と一緒に働いていることに、思いをめぐらせることができた。

そして一人ひとりが良品計画を「自分たちの会社」と思えるきっかけにもなったのなら、それこそが大きな収穫と言えるだろう。

気持ちよさは、伝播する

杉の木はあたたかみがある素材であると同時に、柔らかく、汚れがつきやすい。スチール製の家具に比べれば、手入れが必要だ。

だから自分たちで手入れする。天板にオイルを塗り込んで、汚れをとり、ツヤを出す。自宅で使っている家具のように、大切に扱う。自分たちでできることは、自分たちで行うことを、風土にしていく。

「感じ良いくらし」を提案する企業のオフィスが、リノベーションによって、やっと感じ良くなった。店舗や家庭で当たり前に行っていることを、オフィスでも行う土壌ができた。

個人に起きた「気づき」で変わるのは、自分だけではない。プラスの連鎖は、周囲の環境も巻き込んでいく。同じ環境で働く者同士、プラスの連鎖を共有することの大切さも、リノベーションで培うことができただろう。

本社で働く人すべてが、このリノベーションに満足しているわけではないかもしれない。改善点が、これからも見つかるかもしれない。不満を解消し、より良い環境にしていく。少しずつでも、みんなのスイッチを入れ続ける。そうやって地道に取り組むことでなにかが確実に変わることは、共有できているのではないだろうか。

次ページからの写真は、リノベーションの完成写真ではない。進化の過程の様子である。このあと起きるのは、目に見える大きな変化ではないかもしれない。オフィスそのものが変わるのではなく、ここで働く人の意識の変化かもしれない。

強制的でなく、自発的に、ゆるやかに変わっていけたら、それはとても良いことなのではないだろうか。

くらしのさしすせそ
ROOT
素のまんま。

右ページ：2階のサロン。ここは食事をしたり、打ち合わせをしたり、活発な交流が生まれるようオープンなデザインになっている。壁面には「MUJI BOOKS」コーナーを設け、担当者が選んだ書籍を自由に閲覧できる。左ページ：各フロアのさまざまな場所に設けられた打ち合わせスペースを、誰もが積極的に活用している。

右ページ：会議室の数も、リノベーションによって増設された。執務エリア脇の会議室はガラス張りでオープンに、１階の商談室はある一定の高さまではすりガラスにして、ほどよく閉じた空間に。左ページ：不在時のデスクの上はものを置かない、椅子はしまうなど、当たり前のことを当たり前に行えるように。ジャケットやコートなどの衣服の保管もしやすくなった。

リノベーション前のアンケートで多くの人が改善を求めていたのが収納だ。適切な場所に適切な量を、見合った状態で設けることを心がけた。そしてその上部をもうひとつの改善点だった打ち合わせ場所にも活用。さらに使いやすくなるよう、改善点を見いだしていく。

リノベーションから生まれる商品

オフィスリノベーション後、自社の商品を使う率は上がった。それと同時に、自社の商品に見合うものがないから、他社のものを使っているアイテムがあることも見えてきた。

「家庭用の家具と、オフィス用の家具は、違うもの。これまではそういう線引きをしていました。でももしかしたら、家庭でもオフィスでも使える家具というものをつくることもできるかもしれない。リノベーションをきっかけに、そういう視点が生まれました」

と言うのは、生活雑貨部企画デザイン室で家具のデザインを担当している加藤晃である。確かに、線引きをしているのはつくる側、売る側であって、使う側はその垣根をそもそも持っていないかもしれない。杉の木の家具だけでなく、汎用性の高い家具が生まれる可能性が、リノベーションによって芽生えた。

加藤とIAの新井が、法人向けに開発を進めたいと考えているアイテムはほかにもある。たとえばゴミ箱。今回のリノベーションでは特注でつくり、工事が進むごとに改良を重ねた。家庭用のゴミ箱の容量は、最大で70リットル。対するオフィスは90リットルが標準だ。ゴミ箱はオフィスの必需品。無印良品らしい大容量のものが開発される日も近いかもしれない。

傘立ても、開発しがいのあるアイテムだという。どこのオフィスも、置き傘には手を焼いているだろう。雨天のときだけ傘を立てられる、伸張式の傘立てがあれば、収納スペースの無駄も省くことができる。

オフィスの見え方、家庭の見え方

スリムな掃除機は、すでに商品化が決まっている。これはプロジェクトチームが先導したわけではない。毎朝の清掃時に他社の掃除機を使っていることに、家電の開発担当者が疑問を覚えたのがきっかけだ。オフィスと家庭の垣根を取り払った商品で、掃除機をかけたいときにすぐ使える手軽さが、デザインから感じ取れる。

オープン収納スペースなどで大量に使用しているプラスチックの収納ボックスは、半透明タイプがメインだが、生活雑貨部がある5階のみ不透明タイプにしてみた。半透明タイプは製造工程を見直すなかで、顔料を抜くという発想から生まれたものだが、オフィスで大量に使うときに半透明だと、見えすぎてしまう。そこでネット販売のみしていた不透明のホワイトグレータイプを、特注でサイズ展開した。こちらも商品化に向けて開発が進んでいる。

そのほかに、取っ手付きのスタンドファイルボックスや、オフィス向けの防災セットなどが、今回のリノベーションをきっかけに生まれたり、開発の段階にある。75ページで触れたファイルも、実際に使ってみて、耐久性と強度を高めるための改良を加えるにいたった。これから先も、商品化されるアイテムは増えるのだろう。

法人向けの商品開発となると、規格や品質保証の問題もクリアしないといけない。無印良品の現状のメインは家庭向けであることも承知している。新井は法人向けの営業において、「自社の商品にないから他社のものをすすめる」ことが多々あった。

そんななか、自社で開発することを提案しても、「それって本当に売れるの?」という問いかけに、これまでは明快な説明ができなかった。

でもリノベーションを通じて、どんなものが求められているか、肌身で感じることができた。現行の商品に関しても、実際に使ってみたことで改善点が見えてきた。だからいまは、きちんと説明ができる。説得力が、確実に増した。

全フロアに導入された杉の木の家具も、もちろん「リノベーションから生まれた商品」だ。こちらについては次の節で紹介する。

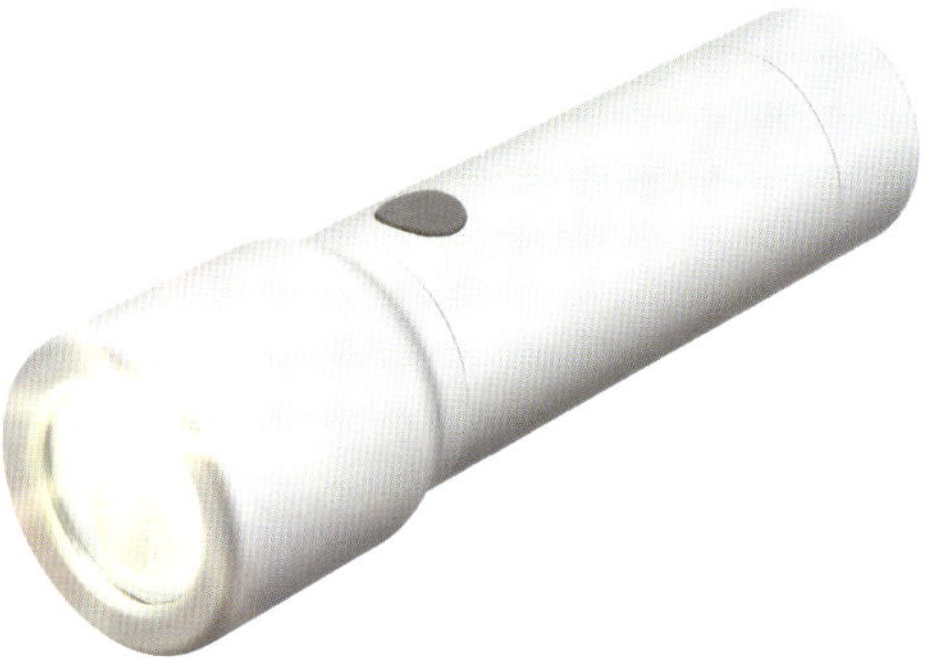

LEDアルミ懐中電灯

屋外でも安心して使える、防沫形のアルミ製LED懐中電灯。ワイド光とスポット光に切り替えて使用することができる。

折りたためるヘルメット

使用しないときはコンパクトになり、収納スペースを省くことができる。家庭はもちろん、大人数分を用意する必要があるオフィスでの需要を見込んで生まれた商品だ。

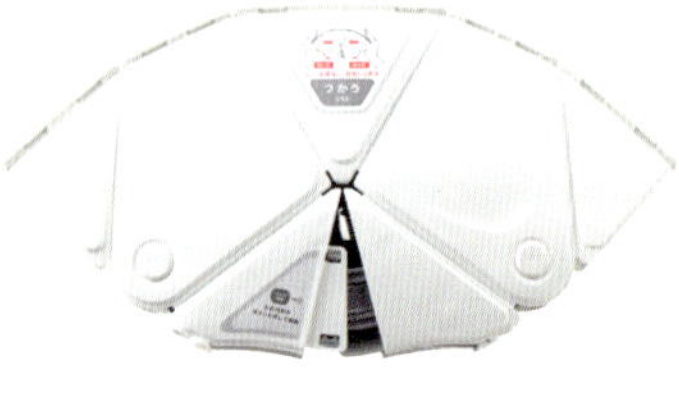

ポリプロピレン
持ち手付き
ファイルボックス・
スタンダードタイプ

打ち合わせのときなどに資料の持ち運びがしやすいように、持ち手がついたファイルボックス。半透明タイプと、不透明のホワイトグレー（下の写真）の2種類がある。

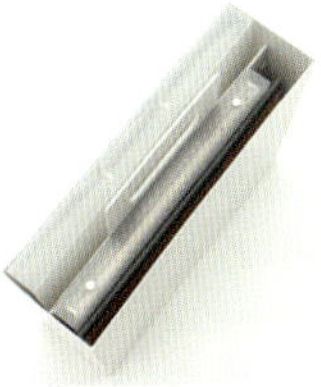

ポリプロピレン
持ち手付きファイルボックス・
スタンダードタイプ・ホワイトグレー

発泡ポリプロピレン
ファイルボックス・
スタンダード・３枚組

軽くて丈夫な発泡ポリプロピレン製の組み立て式ファイルボックス。使わないときはたたんでしまえる。オフィスにとって収納がどれだけ大事かをリノベーションを通して痛感したからこそ生まれた。

ポリプロピレン
ファイルボックス用・
ポケット

ポリプロピレン
ファイルボックス用・
ペンポケット

ポリプロピレン
ファイルボックス用・
仕切付ポケット

リノベーションから生まれるビジネス

前節「リノベーションから生まれる商品」では、法人向けに開発しているアイテムを紹介した。それは本社で使うためだけに開発しているわけでは、もちろんない。本社でも使い、そして今後のビジネスに発展させていくためである。

現在、日本国内の無印良品の6店舗に、法人向け窓口がある（有楽町、グランフロント大阪、札幌ステラプレイス、名古屋名鉄百貨店、MUJIキャナルシティ博多、広島パルコ。2017年9月現在）。

法人向け窓口では、コーディネートの提案をはじめ、大量注文サービス、オーダー商品などを受けている。家具のコーディネートの提案は家庭のみならず、住宅のモデルルームやオフィス、学校などにも行ってきた。

暮らしにはすべてが含まれている

今後、法人事業は強化されていくだろう。本社のオフィスリノベーションは、そのモデルづくりにも、実体験の場にもなっている。

販売部のIAである林高平は、以前、良品計画の法人事業を発展させたいという強い思いから、有楽町店に所属していた。

「無印良品は『感じ良いくらし』といって、暮らしにまつわる商品を提供しています。これまでの暮らしは、プライベートな時間というとらえ方でした。

でも、働いている人にとっては、働く時間が一日の3分の1を占めている。ならばそこで使うものも良くしていくための提案をしていかないと、本当の『感じ良いくらし』って言えないのではという思いがずっとあります」

暮らしは家庭で完結するものではなく、働く場も学ぶ場も、家からどこかに出かけるときの外部空間も含まれているというのが林の持論だ。

法人向け窓口のコーディネートの提案はこれまで、家庭用の家具でできる範囲で行ってきた。しかしそれだけでは収まらない範疇の依頼も受けるようになってきている。

そういう背景もあって、リノベーションを含むオフィス事業に本格的に取り組む体制づくりが、始まりつつあるのだ。

本社リノベーションのプロジェクトに先がけること5年ほど前から、その取り組みは産声を上げていた。国産材活用の一環で、法人向けオフィス家具としての杉の木の家具の開発を始めたのとほぼ同時期である。

杉の木の家具は、内田洋行との共同開発だ。内田洋行がオフィス家具メーカーであることも、オフィス家具として開発することになった理由のひとつだが、

「無印良品としての汎用性の高さは常に持っていたい。ですからオフィスでも家庭でも公共の場でも、どこでも使える家具を目指しています」

今回のオフィスリノベーションに杉の木の家具を大量に導入する際には、本社で使うのにふさわしいものという視点と、商品化の視点、その両輪で開発を進めた。

たとえばデスクは、開発当初はかなり脚が太かったのだが、それでは見た目も実際もどうしても重たくなる。それを少しでも細くして、軽やかなものになるように仕立てていった。

また、テーブル以外にどんなアイテムが必要かも、リノベーションを通してシミュレーションすることができた。そしてテーブルやシェルフ、ベンチなど、アイテムの選定と同時に、サイズの検討が重ねられた。

シェルフには、プラスチックケースやファイルボックスなど、無印良品の商品がぴったりと収

まるモジュールになっている。そして本社で実際に使ってみて、より収まりを良くするために、モジュールの改善も行っている。

一番の説得力は実体験

杉の木の家具が生まれた背景には、国産材の活用を通して、地域を元気にしていこう、それが日本を元気にするきっかけになるという思想がある。

林にとっても、この考えは開発の大きな原動力となった。国産材を循環させるシステムをどうつくればいいのかを知るために産地にも赴き、日本の森林の現状を目の当たりにした。

そこから、捨てられたりチップになっていた端材の部分から中空パネルをつくり、それを家具に仕立てていくというアイデアが生まれた。

このような「社会的背景」を持った家具であること、もったいないという気持ちをかたちにしていることが、大きなセールスポイントでもあった。一般の消費者同様、ときとしてそれ以上に、法人のクライアントはそういう部分を大切にするということもある。

しかしそれだけではいけないと考えるようになっていると林は言う。やはり実際の使い心地や触り心地、モジュールの汎用性の高さなどもセールスポイントにすべきで、両立させていく必要があるという。

それはやはり、オフィスリノベーションを通して実感できたことである。

プロジェクトチームの一員となり、オフィスリノベーションを経験したことは、ＩＡとして大いに役立っている。

「クライアントにプレゼンテーションするとき、一番説得力があるのは実体験だと感じています。ここまで経験させてもらえる会社はそうそうないとも思っています。実体験が強みになっていることは、お客さまの反応を見てもすぐにわかります」

たとえば配線をどう処理するのがいいのか悩んでいるクライアントがいるとする。モールで覆うのがいいのか、床下に隠すのがいいのか。良品計画は、天井の杉梁の上で処理した。その実体験から、モールにしたときにつまずいたり転んだりすること、台車などがスムーズに移動できないといったことを伝えられる。

見た目だけでなく、実際の使用経験があるから言えることであり、メリットとデメリットを、説得力を持って発言できる。

社内の理解も変えていく

「完成させないオフィス」というテーマについては、その会社がリノベーションでなにを望んでいるかによって、提案する場合としない場合がある。良品計画は会社の風土と相まってそれが実行できているし、気づきを生む環境づくりの一端を担っているが、会社の規模や環境はクライアントによって異なるからだ。

とは言え、良品計画の本格的な法人事業は始まったばかり。越えるべきハードルは高くて多い。まず社内の理解を得てこそ、地に足のついた事業になる。オフィス向けの杉の木の家具の販売が始まり、そのほかにも先述したように商品開発が進んでいるアイテムが登場するなど、少しずつ理解の土壌は生まれている。

一般家庭向けの商品でも、強度面や安全面を見直して、安心して法人向けにセールスできるような取り組みも始めている。そうやって社内の体制が整ったら、外部に向けての認知度を高めることを、一層強化できるようにもある。

「法人」という言葉の枠を超えたことを、良品計画は見すえているのだと思う。家庭以外のすべてを含めた大きな枠組みを、つくろうとしているのだろう。それにふさわしい言葉も、新しく必要なのかもしれない。

第二章

働く人が仕事を変える

働く時間も「感じ良いくらし」に

第一章でも触れたように、良品計画にとって「感じ良いくらし」は大きなテーマであり、商品を通じて、世界の人びとに「感じ良いくらし」を提案し続けている。

その「感じ良いくらし」を実現する企業として、企業運営では3つの約束を、事業運営の根幹とも言える商品開発では3つの視点を、生産では3つの基準を掲げて実践している。

・企業運営　3つの約束

①公正で透明な事業活動を通じ、グローバルな成長と発展に挑戦していく

②新たな価値と魅力を生活者視点で探求し、提供していく

③良品計画に関わる全ての人に世代を超えて持続する「感じ良いくらし」を提案していく

・商品開発する上での3つの視点

①素材の選択

②工程の点検

③包装の簡略化

・商品生産する上での3つの基準

①良品基準（品質基準）

②良品計画の環境、労働、安全マネジメント（取引先行動規範）

③使わない、制限する重点素材

生活の基本となる本当に必要なものを、本当に必要なかたちでつくること。そのために、素材を見直し、生産工程の手間を省き、包装を簡略にすること。そこから、シンプルで美しい商品が生まれ、誕生以来多くの人びとの支持を得てきた。その想いをさらに発展させたのが「感じ良いくらし」であり、約束と視点と基準なのである。

思想があるから、商品を飛び越えていける

「はじめに」で触れたエイの話だが、これも「感じ良いくらし」にかなっている。千葉・南房総というローカルが抱えている課題は、地域と密接に関わったことで見えてきたものだが、これは世界中に起こっているであろう事例であり、高速バスのトランクを活用することで流通およびコストの面をクリアし、エイという白身の魚に見合ったフライドフィッシュで提供しようという試みである。

「感じ良いくらし」を実現させるのに、商品というかたちに縛られることはない。無印良品が生まれたときからの思想を商品以外でも提供するプロジェクトが、オフィスリノベーション以外にもすでに動き始めている。

そのひとつが2019年東京・銀座に開業予定の「MUJI HOTEL（仮称）」で、コンセプトの提供と内装デザインの監修を行う。ホテルというサービス業になぜ参入できるかと言えばやはり思想があるからで、「無印良品らしいホテル」というものを思い描くことができるということである。

実際にどんな内装にするか、どんなサービスを提供するかというのを具現化するには、もちろん一筋縄ではいかない。それでも誰もが「無印らしさ」をイメージできるということは、大きな強みだ。

新規プロジェクトの幅が広がることで、主軸である商品を見つめ直すきっかけも生まれる。ＭＵＪＩ　ＨＯＴＥＬに無印良品の家具やアメニティーグッズを導入するならば、「このタオルでいいのか」「このベッドでほんとうに大丈夫なのか」「ふさわしいルームウェアか」「このコーヒーで満足できるか」……検証点は数え切れないほどあるだろう。改善点が見えたら、商品に反映させていく。それを地道に、繰り返していく。

今後も、活動の場は広がるだろう。広がれば広がるほど、無印良品の商品は、より「無印らしく」なっていく。

良心とクリエイティブを持った現場力

いろんなことができるのは、思想があるから。もちろん、その思想を社員のみんなが共有できていることが大前提である。「感じ良いくらし」を実現するために、どんな商品が必要か、どんな売り方がいいか、どんな店であるべきか、そして、そのために自分たちはどんな働き方をすべきか。思想を共有しながら、一人ひとりが考える。

左ページのピラミッドは、企業としての良品計画のあり方をあらわしている。一番上に思想があり、その次に大戦略、ビジョン・目標、アイデアと仕組み、それらを、「良心とクリエイティブ　そして、徹底力を持った共同体」が支えている。

この、良心とクリエイティブを持った社員がいなければ、思想や大戦略をつくったところで会社は動いていかない。良品計画はそのことを強く自覚し、だからこそ業務標準化委員会の活動を大切にしている。

トップダウンで「働かせる」のではなく、現場で動いている自分たちがどう働きたいかを考え、決め、変えていく。主体的に気づく度合いを増やしていく。

「会社にはいろんな人がいて当然だし、いろんな働き方があっていい。これからの会社のあり方を考えたとき、基本的な風土や思想を共有した上で、ある程度『私』を持ちながら仕事をするという方向になっていくでしょう」。金井政明はそう言う。

ＩＴの進化やＡＩの台頭によって、これからの「働き方」は大きく変わる。現在進行形の変化ゆえ、まだまだ手探りという企業も多いだろう。そんななか、社会全体が変わってから対応を迫るのではなく、自分たちで考えて、自分たちで変えていこうというのが、良品計画の考えである。

そして仕事の時間も「感じ良いくらし」の一部になれば、個人の生活にもいい影響を与えるようになるはず。自分たちの働き方がそうなれば、もっとリアルに「感じ良いくらし」をかたちにして提供できるようになる。好循環をつくり出すためにも、考え続けることはとても大切なことなのである。

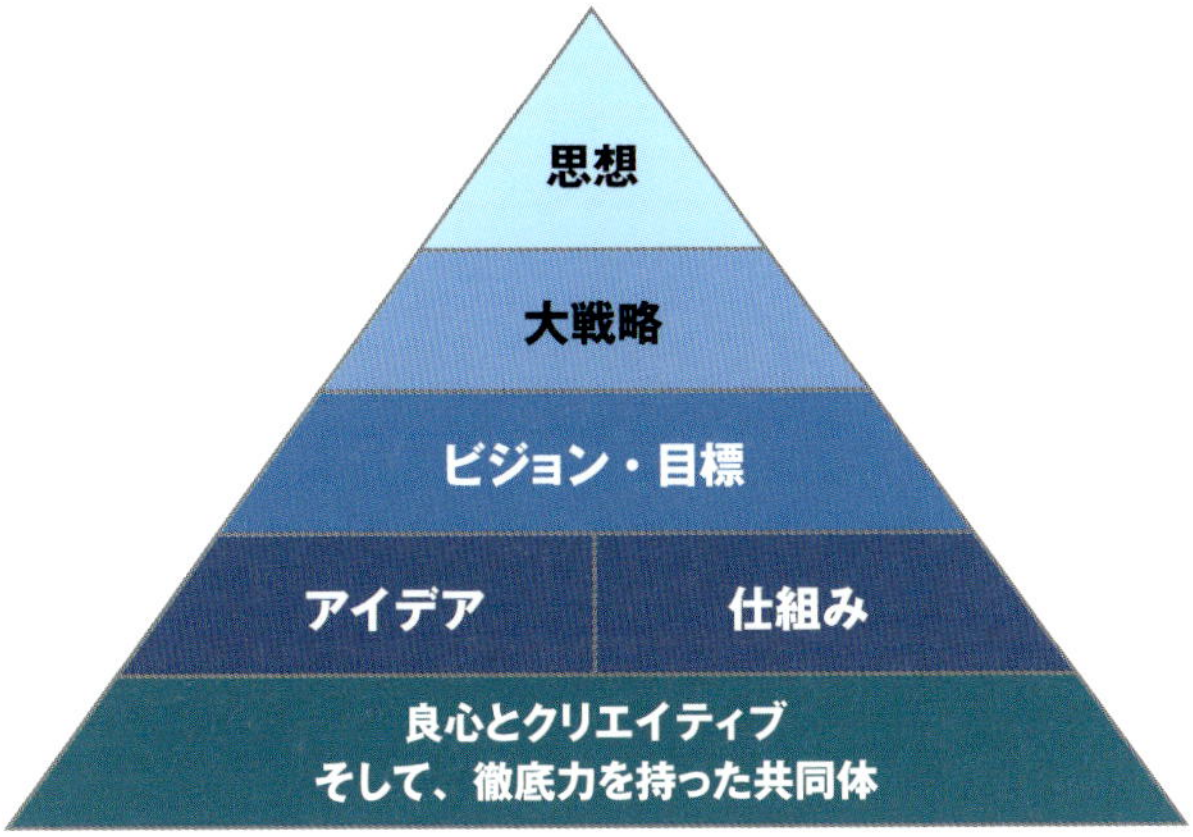

企業としての良品計画のあり方をあらわすと、このようになる。ピラミッドの一番上には創業当初からの「思想」がある。その下には、戦略ならぬ「大戦略」（生活者や社会の役に立つこと）があり、そして地に最も近いところを支えるのが、「良心とクリエイティブ　そして、徹底力を持った共同体」である。

標準化が活性を生む

業務標準化委員会の取り組みを社員が理解し、共有していくために、「フロア環境委員会」が編成されている。週に一度、ランチタイム近くを利用して、業務標準化委員会の赤峰貴子と、各フロアから選出された社員が集まる。

当たり前のことを、当たり前にする

2007年の業務標準化委員会設立時から取り組んでいる「あいさつ」「定時退社」「デッドライン」「清掃」「整理整頓」のなかでも、基本中の基本である「あいさつ」を誰もが行おうというのが、フロア環境委員会発足のきっかけだ。

「基本の活動＝くらしの基本」ととらえ、社員が「自分ごと」として行動する風土をつくろうとしたとき、あいさつこそその根底となるものだと考えたからである。

良品計画には、無印良品の店舗で使っているマニュアル「MUJIGRAM」と、本社で使っているマニュアル「業務基準書」がある。どちらも「業務を標準化する」ことを目的に作成されたものである。

いずれも数千ページにも及ぶ分厚いマニュアルであり、店舗でも本社でも、それを読めば同じように業務にあたれ、対応できるよう、随時更新しながら活用している。

対して業務標準化委員会は、マニュアル以前の当たり前のことを、当たり前に行い、それが会社の風土となることを目指して設立された。

基本の活動は通常業務とべつのことではなく、基本の活動を意識せずともできるようになることは、通常業務がスムーズに行えることにつながっている。一人ひとりが気づき、周囲と連携していくことが大切。良品計画はそう考えている。

そのため、書類として充実させていく方法ではなく、フロア環境委員会として定期的に顔を合わせ、工夫すべき点などについて意見を交わす方法をとっている。

雑談から生まれる気づきもある

フロア環境委員会は、役職のない社員がメインだ。委員会メンバーからは、「実際の業務のキーパーソンは、課長です。フロア環境委員会に参加してもらうといいのでは」「フロアごとの構成メンバーなので、メンバーがいない部門もある。部門ごとの参加や、大きな部門は複数で参加するといいのでは」という声も聞かれる。

そういう声を赤峰は柔軟に吸い上げながら、フロア環境委員会を運営し、基本の活動がより深く浸透していくことに取り組んでいる。

このフロア環境委員会のランチミーティング以外にも、毎週火曜日の昼には、業務標準化委員会の委員長でもある会長の金井が、各部門の部課長と食事をしながらの報告会を実施している。

ここでの議題はさまざまだ。オフィスリノベーションについて話すこともあれば、新規事業について意見を交わすこともある。日常に起きたこと、いわゆる雑談に終始することも、もちろんある。

その雑談から、新しいアイデアが生まれることだってある。新たな気づきを共有することもある。食事の時間まで働くという意識より、食事の時間を活用して、なにかスイッチを入れるきっかけをつくっているという方がしっくりきそうだ。

そして会長から新入社員まで、互いを「さん」づけで呼び合う良品計画だからこそ、会話を大切にして、会話することで思考回路がめぐることを大切にしているのだろう。

ローカルとつながる、世界が広がる

「はじめに」で触れた通り、良品計画は2014年から千葉県鴨川市で「鴨川棚田トラスト」を行っている。2016年からは名称を「鴨川里山トラスト」に変更し、棚田だけでなく、果樹園、雑木林、古民家などがある里山空間全体を、社会の共有財産として保全すべく、活動の幅を広げている。

また、杉の木を使った法人向けオフィス家具開発のきっかけは、内田洋行との協業のもと、国産材を活用して、地域を元気にしていこうという思想である。

そのほかにも、「ローカルから始める未来は、日本の未来へと広がっていくはず」という考えから、ウェブサイト「ローカルニッポン」を開設し、地域の未来を紡ぐ取り組みと人びとに焦点をあてている。

これらの取り組みを、金井は「土着化」と呼んでいる。

暮らしの視点で未来に目を向けたとき、その起点はローカルにあるはず。ローカルから始める未来こそ、日本の未来だと、良品計画は考えているのだ。

地域の課題を、良品計画流に解決していく

「鴨川里山トラスト」を継続していくにあたり、良品計画は2016年に「鴨川サテライトオフィス」を開設した。地域と共に考え、直面している課題を仕事につなげ、新たなビジネスをつくり、地域の経済を活性化させる。そして、商いを通して地域を応援することをより一層強化するためである。

棚田が広がるその上に、オフィスはある。そこに住まいも鴨川に移して常駐している人物がい

る。事業開発担当の高橋哲だ。

　高橋は田植えなどの社内ボランティアの募集に参加するかたちで、２０１５年からトラスト活動に関わってきた。活動に身を置くなかで、都心ではなく地域での生活をイメージし始め、借りられる古民家がないか探し始めていたという。

　タイミングというのは本当にあるもので、そんなときに、金井から「地域に密着して仕事をしないか」と声をかけられた。気軽な気持ちで「いいですね」と返事をしたところ正式な人事の発令となり、いまにいたる。

　常駐しているのは、現在は高橋ひとり。ここでの業務は日々変わる。房総半島を車で一周して視察する日もあれば、鴨川市の関係者と面談する日もある。池袋の本社に出向くことも、もちろんある。

　棚田での活動を通して多くの人たちと直接やりとりするなかで、この地域が抱える課題も見えてきている。

「課題はとてもシンプルで、人口減少と高齢化です。この地域だと、25世帯のうち40代の家族は2組だけです。30代、20代はいません。メインは70代、80代。いま、都会からその方たちの子ども世代が帰ってきていますが、彼らもすでに60代です。

　UターンやIターンをするならば、職がないと成り立たない。そこに知恵を出したいと思っています」

　そこで高橋がトライしたのが、日本酒づくりだ。突拍子のない試みに聞こえるかもしれないが、試みてみるだけの背景が鴨川という地域にはある。

「お米づくりは、鴨川の大切な産業なんです。長狭米《ながさまい》という名前は付いているものの、全国にブランド米として流通しているわけではありません。そうすると、米価がどんどん下がってしまう。そのお米にどう付加価値をつけるかを考えました。米粉にするとか米油にするとかもありますが、そこに付加価値はあまりつかない。それなら地元の酒蔵で日本酒にしてもらおうと考えたのです。

日本酒だとふつうは山田錦など酒造用の米を用いますが、あえてコシヒカリでつくってもらいました。それでおいしい日本酒ができて、限定商品として店舗で販売したんです」

おいしいと評判を呼んだ日本酒は、すぐに完売。これによって、良品計画らしい商品開発の手法を用いてものをつくり、地域の人と一緒に考えていくというシステムを、まず構築することができた。

この試みをきっかけに、生産部直売所に関するリニューアルや、地域の産品の加工などについて、相談を受けることも多くなった。

地域では、「つながること」はとても大切だ。

「名刺の所在地を池袋本社のままにしているんですけど、それを渡すと『東京からですか』とガッカリされます。でもここに住んでいますと言うと、あっという間に話が弾む。当然、鴨川市の住民だから見えてくることも確実にあります」

展開できる可能性が、ローカルにはある

もうひとつ、高橋が現在取り組んでいるのが、小屋の販売である。

南房総の最南端の白浜に、「シラハマ校舎」という、地元の企業が運営する施設がある。廃校になった小学校をオフィスやゲストルーム、レストランにリノベーションし、旧校庭を小屋付き農園スペースに生まれ変わらせている。

この、旧校庭に設置される小屋が、良品計画が開発した「無印良品の小屋」である。地域活性化につながるような「小屋暮らし」をここでは目指し、販売している。

小屋の広さは約9㎡で、水回りの設備は付いていない。キッチンはレストランスペースに付随

した共同キッチンを、シャワーやトイレはシラハマ校舎に共用施設としてあるものを利用する。

この小屋を、自治体の所有する土地や公園に建てたいという問い合わせも来ている。「地域とつながるツールとなりうるものにしたい」という良品計画の考えに賛同する人の多さを、実感しているという。

鴨川里山トラストには、日本国内はもちろん、海外からも視察と体験にやってくる。どこも同じような状況で、過疎化が進んでいて、解決策が見いだせないまま不安が増している。

「解決策が見いだせれば、可能性があるということなんです。ここは、山でもなく平地でもない『中山間地域』です。一説によると、日本の7割が中山間地域と言われています」

ほかの地域からも、「一緒になにかしたい」と声がけをいただく機会も多いが、それぞれの地域で、必要とされることや課題は異なる。まずは鴨川でじっくり策を練っていく。策が実り始めてから、拠点は増えていくことになるのだろう。

これは決して、ボランティアではない。良品計画が来たから万事解決ということもない。地域が抱える課題は、そう簡単なものではない。

「瞬間的にうまくいっても意味がありません。持続可能な仕組みづくりをしないといけない。そこは慎重に取り組んでいます。我が社が事業を行うことで、地域の方に本当の意味で役に立てるか、大切なのはそこなのだと思います。

良品計画ができることって、可能性としては無限だと思うんです。いろんな人の力を借りて、小売りの枠にとどまることなく考えることができます。だからこそ、良品計画がやることでいろんな人の役に立てるかどうか。鴨川に来て、そのことを考え続けたいと強く感じています」

「鴨川里山トラスト」に改称してからは活動の幅を広げ、「手づくり味噌・醤油の会」も開催。休耕地を活用して、地大豆の種まき、収穫、脱穀、選別をした上で味噌の仕込みや醤油搾りを行っている。

棚田の様子。年に一度行われる田植えには、多くの参加者が。草むしりも稲刈りも自分たちで行う。

右ページ：鴨川サテライトオフィス。2016 年に開催された「HOUSE VISION」に出展した「棚田オフィス」を移設している。
左ページ：シラハマ校舎の旧校庭部分に建つ「無印良品の小屋」。約 9 ㎡と非常にコンパクトである。菜園付きの区画を賃借する人を対象に販売する。

一人ひとりが、いきいきと

良品計画本社は、数多くの部門から構成されている。いずれも、ものをつくり、ものを売るために必要不可欠な部門だ。どんな部門があるかは、59ページ（「段階を経て、蓄積させていく」の節）を参照していただきたい。

それぞれに適した働き方がある

「会社にはいろんな人がいて当然だし、いろんな働き方があっていい」。金井はそう言う。

たとえば一匹狼的な動きを取る人がいる。独創的なアイデアと行動力で攻めていくタイプだ。金井はこのタイプを「出る杭」と称する。

縁の下の力持ち的な働き方が得意な人もいる。周囲とバランスを取りながら、滞りなく業務にあたる。

どの部門に行っても力を発揮する人もいれば、ひとつの職種に長けている人もいる。寝ている以外はずっと仕事のことを考えている人も、会社から一歩出たらスパッと気持ちを切り替える人もいる。

それぞれの働き方を活かしながら、互いを認め合うような関係性を築いていけると、強靱でありながらしなやかな組織になるのだろう。

この節では、良品計画で働く人たちへのインタビューをまとめている。入社のきっかけに始まり、現在の部門での働き方、抱えている課題、働いていて楽しいと思えることなど、さまざまに語ってもらった。

インタビューを通して、本当にいろんなタイプの人がいる会社だということがよくわかった。

同時に、一人ひとりが、良品計画に、無印良品に、真摯に向き合っている。そのことは、驚くほど共通していた。

これはやはり、揺るぎない思想があるからだろう。その思想を、ある人は商品から、ある人は店舗が放つ雰囲気から感じ取り、この会社で働くにいたっている。そして働きながら、良品計画らしさとは、無印良品らしさとはなんなのか、ずっと考えている。

「我が社にあるのは思想と人。それと店舗だけです」

「はじめに」で金井はそう言った。それで充分ではないか。それこそ会社が求めるもので、どの会社も必要としているものだろう。思想を共有できる人たちと、一緒に働いている。それは大きな支えにもなるだろう。

自分たちで考えて、働き方を変えていく

この節には、経理や情報システムのような、一見ものづくりに直結しない部門の人たちも登場する。

しかし面白いもので、そういう部門の人たちの働き方からも、やはり「良品計画らしさ」がにじみ出てくるのだ。まるで商品を開発するかのようにシステムを構築していたりする。必要なものを必要なだけ、無駄なく、シンプルにつくっている。

一人ひとりが、いきいきと働けたら。迷いも悩みもつらさも当然あるけれども、それでも、少しずつでも前進できたら。そして働く人が自分たちで、仕事を変えていけたなら。

「会社がこう考えているから」ではなく、「自分たちがこう考えるから、こういうふうに働こう」となれたら。

それが、良品計画が掲げる「良心とクリエイティブ　そして、徹底力を持った共同体」なのではないだろうか。

働き方
1

いつもみんなが「無印良品とはなにか」を考えている会社です

中川 実
生活雑貨部・エレクトロニクス・アウトドア担当
2006年入社

——スタートは、店舗のアルバイトでの採用だった。それが1998年のこと。当時、実家は酒屋を営んでいて、両親からも「しっかり社会勉強しておいで」と送り出されたという。

学生のころ、無印良品の洋服がすごくおしゃれに思えていました。インナーにさらっと着たり、カーディガンをはおったり。

いまとなっては反省しているんですけど、就職するということを真剣に考えていなかったんです。うちが自営業だったので、自分も商売をするんだろうなと思っていました。学校を卒業するときも無印良品でアルバイトをしたかったのだけれど、定員が埋まっていて。それで半年くらい実家を手伝っていたら、友人が「無印、いま募集しているよ」と教えてくれて、すぐに電話をかけて面接を受けました。

実家が小田原なので、最初の店舗も小田原です。実際にアルバイトするようになって感じたのは、無印良品は、僕の好きな無印良品だった。商品を見ていても楽しいし、無印良品に共感して来店してくれる人たちと接するのも楽しかった。「無印良品が好き」という気持ちをそこにいる人たちと共有できるのって、ほかでは得がたいものだと思います。

僕はとにかく、店長になりたかった。それは店を切り盛りしてきた父の姿を見てきたからだと思います。正社員になる前にセールスエキスパート（ＳＥ）社員になり、２００４年に店長になりました。当時、ＳＥ社員にも資質があれば店長になれる制度があったんです。沼津店を皮切りに、横浜地域を中心に何店舗かの店長をしました。

店長は、マネジメントができないといけない。スタッフなら自分の目標に対して向かっていくことが働きがいなどにつながると思うんですけど、店長はスタッフをいかにまとめて、同じ方向に導いていくかを考えて、実現できないといけない。そこが僕には面白かった。スタッフは、性格も働き方もいろいろです。自分に強引さというか強い求心力はないかもしれないけれども、人を育てるのが好きで、育っていくのを見るのが好きなんです。

売り上げをいかに上げていくかを考えるのも面白い。自分たちのアクションの結果がすぐに出るのが店なので。正解がひとつではないし、当然失敗もあるんですけど、些細なことも含めてスタッフと話して、発展させていくアイデアを考える日々でした。

面白い面白いって言いながら、基本は大変なことだらけです。明快なコンセプトを持った商品が店には並びますが、それを販売する自分たちがどこまで理解してお客さまに説明できるか。お客さまにもいろんなタイプの方がいますし、でもみんな、無印良品に期待してくれている。自分たちはその上をいかないと、ほんとうのファンにはなってもらえないと思います。

長く店舗にいて、自分はこのままどう成長していけるのか、のびしろはどれくらいあるのかということをずっと考えていました。生活雑貨部への異動の前は、有楽町店のフロアマネージャーでした。「有楽町店のフロアマネージャーになったなら、次は必ず商品部に行け。どういう商品が必要なのか、どういう売り方があるのか、いろんな企画を出しながら、ものをつくる立場になってみろ」。店長だった人にそう言われて、必然的に自分のマインドにもなりましたね。当時のフロアマネージャーは全員、商品部に異動しています。

――中川が商品部の生活雑貨担当になったのは2015年。ちなみに異動のきっかけをつくった店長とは、リノベーションの際に周囲に先がけて杉の木のデスクを導入した清水智である。

生活雑貨を希望したのは、無印良品の根幹と思えたからです。ファニチャー、ファブリック、家電、ステーショナリー、ハウスウェア、ヘルスアンドビューティーに分かれていて、各カテゴリーにマネージャーがいて、MDがほぼ2人ずつ。

ものをつくるのは、非常に難しい。店舗にいたときは、「なんでこうつくれないんだろう」「こうすればいいのに」っていつも思っていた。でも実際につくる側になると、なんでつくれないのか、なんでできないのかが、見えてきてしまう。現場に長くいたからこそ思いつけることがあるはずですから、そこは忘れちゃいけないと肝に銘じているのですが。

デザイナーや品質担当者と協力しながら開発を進めるのですが、1シーズンでいくつもの商品をつくりますし、その次のシーズンの開発も同時進行するときもあって、いまが何年なのか、最初のころはわからなくなったりしました。

無印良品だからできるものをつくっていこうというのが、商品部の共通認識です。アイテム数が増えるのは必然的な部分もあるけれども、「これを買えばいい」と言い切れるところまでそぎ落とす必要もあるかもしれません。

家電は、詳しい人はマニアと呼べるほどの知識があって、知らない人は全然知らない。100かゼロという、ちょっと不思議な世界ですね。無印良品のファンは、圧倒的に後者が多いと思います。量販店に行けばいろんなメーカーのものがあって、最新機種も見られます。無印良品で家電を買うのは暮らしのことを考えている人で、その商品があることで「こんな暮らしになるだろう」とイメージできるから買ってもらえているのだろうと思います。

世の中の家電製品は、特徴を誇張するためにそこだけ重点的にアピールしたり、逆に足りないからいろいろな機能をつけていたりします。でも僕たちの暮らしにはそんな機能は必要ないし、解決してほしいのはそこじゃないということもある。無印良品の家電はもっとニュートラル。そこをきちんと構築していくのが大切なのではと思っています。


――店舗にいたからこそ無印良品のファンの期待に応えたいのと同時に、ショップスタッフが胸を張っておすすめできる商品をつくりたいと中川は言う。根っからの「商売好き」だ。


やっぱりお店がいいなと思うことも瞬間的にはありますが、まだなにもなし遂げていないので。店舗に関してはある程度ストーリーが立てやすいですけど、この業務に関してはまだまだ。一回一回、立ち止まらないと進めない。残業、しちゃいますね。

商品部に来て1年ぐらいたったときかな、残業していたら、清水に「飲みに行こう」って声かけられて。「なかなか大変です」って相談したら、自分が開発で失敗したエピソードをパワーポイントにまとめていて、それを見せてくれて。「そんなに簡単にいい商品はつくれないよ。がむしゃらでいいから、まずやりきれ。いっぱい失敗すればいい。そうしたらその先が絶対に見えてくるから」って。本当に、とにかくやるしかないと思っています。

良品計画という会社は、いつもみんなが「無印良品とはなにか」を考えている会社としか言いようがないです。取引先や社外のデザイナーのみなさんも、無印良品のことを考えてくれている。開発の途中でつまずきそうになっても、みんなで知恵を出し合って突破できる。

「無印良品とはなにか」って、答えがあるものでもないのかも。だからこそ、そのときそのとき、いろんなことをみんなが考えてくれるし、自分も考えるのかなって思います。

どれだけ便利なシステムでも、必要なことは自分でしないと考えている会社です

佐藤智子
情報システム担当・ビジネスプロセスディベロップメント課
1992年入社

——商品データベースや在庫情報、発注管理、日々の業務連絡。業務に必要なさまざまなシステムを構築して提供するのが、情報システムの仕事だ。理系の思考回路が求められるという先入観があったが、良品計画の情報システムは違っていた。

この仕事、以前はアウトソーシングしていたんです。でも、独自性が強いコア業務は、スピードと柔軟性が必要だと会社が考えて、2005年からシステムを自社開発するようになりました。技術的なことやプログラミングは外部のベンダーにお任せして、私たちは現場とベンダーの仲介役のような立場です。それ以外に、パソコンの手配やネットワーク構築といった、インフラを管理する課もあります。

業務をシンプルにしないと、システム化するのは難しいんです。必ず業務フローをつくって、それに合わせてシステム画面や操作を考えていきます。店舗用のシステムだったら、アルバイトの学生から年配の方まで、いろんな人が使う。誰が使ってもわかりやすいシステムにすることを心がけています。

会社から「こういうシステムをつくってほしい」というお題が来たら、どういうシステムがいいか、そもそもシステム化できるかの判断をします。もし100％実現することが難しくても、代替案を考えたり。商品部や販売部、店舗サポート課など、いろいろな部門にアドバイスをもらいながら、つくっていきます。

――いくつか実例を見せてもらったなかで、「問題解決能力」に長けた人たちがつくったシステムだということがよくわかるのが、「ウェブカタログ」だった。無印良品が掲げる「顧客視点」に則《のっと》り、多少曖昧な情報からでも商品を絞り込め、在庫情報や取り扱い店舗がすぐに検索できるようになっている。そして必要な情報だけを出力して、客に手渡せる。

本社勤務の社員はみな店舗勤務を経験している。情報システム担当も店長やエリアマネージャー経験者ゆえ、店舗の内情を熟知し、現場が働きやすくなるシステムをつくることができるのだろう。

しかし、情報を取捨選択しながら使いやすいものにしなければならず、しかもそれをゼロからつくっていかなければいけない。それは大変な労力なのではないか。

でも、面白いです、本当に。複雑に絡み合っているものをそのままシステムにしても使えないので、いかに無駄をそぎ落として、シンプルにするかを考えます。マニュアル見ながらじゃないと使えないシステムなんて、お客さまを目の前にしていながら使えないですよね。

店舗の朝礼のようなものもシステム化しています。朝礼は、一日に複数回行います。朝礼ごとに連絡しなくてはいけなかったことをひとつのシートにまとめて、速やかに処理できるようにしてあります。これを読んでおけば、店長や社員が不在でも朝礼が滞らず行えるようにつくりました。なにが不便で、なにができると便利かがわかるのは、店舗経験者の強みですね。

できたときの達成感は、ものづくりに近いかもしれません。いかに使う人の作業を減らせて、無駄な時間をなくすことを担っている実感もあります。見方によっては、働き方をつくっている部門ですね。

より使いやすいものにすることを心がける一方で、きちんと整合性がとれているかや、イレギュラーなことに対してもテストして、不具合が出ずに対応できるかも検討します。そこはやっぱり、システムなので。

でも、便利すぎる必要はないと思っています。無駄なことをさせてはいけないけれども、必要なことはやっぱり自分でしないといけないから。いろんな要望が来ますが、そこはシステムではなく自分でやりましょうという内容のものもあります。その判断は大事ですね。

入社のきっかけは、単純に無印良品が好きだったから。百貨店など小売業の就職活動をしていたなかで、無印良品の製造販売をしている良品計画という会社があることを知りました。やっぱり、好きなものに携われたらいいなと思って。

入社してすぐは店舗で、1年で流通推進部に異動して12年間いました。出産を経て復帰してすぐはまた店舗。そのあと店舗サポート、経理、そして情報システム。情報システムに来て6年がたちました。

無印良品が好きで入社して、将来自分がどう働くかも見えていなくて、だからまさか自分が物流やシステムの仕事をするとは全然思ってもいませんでした。私は店舗勤務の時間が比較的短くて、店長も経験していません。それは残念なのですが、店舗勤務はすごく面白かった。若い人もいるし、いろんな人がいるし、関わることが楽しかった。そう思えるのは短かったからかもしれないし、いい思いだけさせてもらっているのかもしれません。

――2017年2月からは、海外の店舗に向けて「グローバル標準システム」などを提供する業

務を担っている。

ＭＤシステムや会計システム、物流システムなど標準的なパッケージを海外に導入して、現地に行って支援します。国や地域によって異なるシステムを使っていたのですが、それだと売り上げや在庫情報をリアルタイムで共有しにくいなど、不具合が出てしまう。

加速的に海外店舗の比重が高まるなか、やはりグローバルで一元化して、足並みを揃えられるようになっていくことがのぞましい。先週もアメリカに行ってきました。今後はヨーロッパも標準化していきます。

なにがニュートラルなのかは国によっても店の規模によっても違いますから、なかなか難しいです。日本の方が特徴的なシステムというケースもあります。そして課題は語学ですね。いまのところは販社の日本の人と仕事をしていますが、語学ができれば仕事もさらに広がっていくと思うので。

良品計画は、自分がすごく成長できる会社だと思います。会社の方針が明確で、そこに自分を合わせて自分が成長していける。それは常に感じています。物流もシステムも想像していなくて、さらに自分が仕事で海外に行くなんてまったくの想定外でしたが、その経験が自分の引き出しのひとつになり、また新しいことができるかなと思います。そのぶん、考えないといけない幅も広がります。

仕事は楽しいです。自分に合った仕事ができているのか、仕事に合わせられているのかわからないけれども、いやな仕事ってなかった気がするんです。正解はひとつではなくて、複雑だったり不具合が生じているものを紐解いていきながら、どんどんクリアにしていくのはとても楽しい。だから頑張ろうと思えるのでしょうね。

目的さえぶれなければ、同じ方向に進んでいける

安藤 愛
宣伝販促室・販促担当
2001年入社

――新商品にリニューアル商品にロングセラー。40アイテムから始まった無印良品には、いまや7000アイテムものさまざまな商品が並んでいる。商品の特長や魅力を店頭で伝える大切な役割を担っているのが、販促ツールだ。

宣伝販促室は、商品関連のメディア対応を行う宣伝チームと、店舗の販促物やカタログ制作を行う販促チームに大きくは分かれていて、私は販促チームです。

良品計画に入社したのは、学生のときに無印良品でアルバイトしたことがきっかけです。滋賀の大学に通っていて、当時旗艦店だった京都の近鉄プラッツ店でアルバイトしたんです。そこで働いているみなさんの姿を見て、良品計画ってどういう会社なんだろうと興味を持って、いろいろ話を聞いて。

社員として引き続き近鉄プラッツ店に勤務して、そのあとコトモール奈良店、富山ファボーレ店を1年ずつ。そして店長として相模大野モアーズ店、相模大野ステーションスクエア店、ラゾーナ川崎店、店長代行として銀座松坂屋店を経験しました。

宣伝販促室には、２０１０年9月から在籍しています。販促ツールのメインはポップですね。店舗でプロモーションするテーマを半期に6つくらい決めて、それに基づいた商品を選びます。そして商品部にヒアリングして、方向性を決めて、実際の制作チームに伝えます。

その後商品の撮影などをして、決まったサイズの店舗ツールをつくって、店舗に連絡して掲示してもらうというのが大まかな流れです。

たとえば現在取りかかっているのは、タオルのプロモーションです。商品部に、どういうタオルをつくっているのか、どういう人におすすめしたいのかをヒアリングしながら、商品部が気がついていないセールスポイントも見つけていきます。どう見せていくかで印象は大きく変わるので、それも商品部との大切なやりとりです。

無印良品という自分たちのことを掘り下げるのと同時に、世間一般でタオルはどういう存在か、どういうマーケットでどういう人が買っているのか、他社はどんなタオルをつくって売っているのかも調べます。

そのなかで、無印良品だからこういうタオルがつくれるんだという商品開発ストーリーなど、お客さまに伝えるべき背景を見つけ出していきます。

商品部だけでなく販売部ともいろいろやりとりをして、販促ツールをつくるんですけど、実際に店舗に行ってみると、自分たちの思った通りにツールが掲出されていないこともあります。私たち制作側はいらないと思っていた情報が実際には店舗にとっては必要で、独自のポップが追加されていることとも。そういうときは反省ですね。期間中にアップデートできるものは、極力するようにしています。

基本的に、国内も海外も同じプロモーションを展開します。私は国内店舗担当で、海外店舗担当者と情報を共有して、向こうでは実際はどういうふうに展開しているのかを把握するようにしています。店舗での販促ツールの見え方は、店舗のあり方と直結するので、ＶＭＤ（ヴィジュアルマーチャンダイジング）チームとも連携しています。

――シーズンごとのプロモーションに加えて、継続的なプロモーションもある。「発見とヒント」はそのひとつ。これは海外店舗が率先してすべての店舗で掲出していることに国内店舗が刺激を受け、今後は国内店舗でも継続的に掲出されるようになるという。

やりがいは、やっぱり自分たちがつくったものに対して、お客さまの反応がわかることですね。もちろんいい反応ばかりではないですけれども、それは次回に反映させて、もっともっと良くしていきたい。

そういう意味では、販促のもうひとつの柱である生活雑貨のカタログも同じです。大規模な店舗でないと7000アイテムすべてを並べるのは難しくて、家具やカーテンやブラインド、家電といった大きな商品を、カタログで補うようにしています。お客さまが品揃えを一覧できますし、ご自宅で選んでいただけます。

カタログに掲載するのは3000アイテムから4000アイテム。年に2回制作するのですが、随時入れ替えをします。このカタログ以外にも各商品に合わせた冊子などをつくることもあり、それは各商品の担当者がつくります。

カタログは外部のデザイナーと一緒に進めます。カタログに求められる要素はいろいろあって、商品カタログとしての見やすさや、見たら買いたくなってもらいたいという、販売促進としての機能ももちろんあります。

目指すのは、やはり無印良品らしいカタログ。無印良品という枠から、悪い意味で飛び出ないように、でもその枠を徐々には広げていきたい。無印良品らしさを守りながら、前回よりも良いカタログにしたい……。毎回、そのせめぎ合いです。正解があるわけではないので、ひたすら考え続けます。

――4000アイテムにも及ぶカタログをつくるのには、集中力と忍耐力が求められるに違いない。それが半年に一度、毎回訪れるのだから、大変だろう。

文字や商品情報に間違いがあったらいけませんから、その時期はカタログの世界に入り込んじゃいます。価格や規格などの商品情報は、見れば見るほど見慣れてしまい、ミスを見逃しそうになり、終わりが来なければいいのにと思うこともあるくらい。終わってからのミスほど怖いものはないです。

カタログをつくるのは、神経を使うだけじゃなくて体力も必要です。どちらが向いているかと聞かれたら、販促ツールの方かもしれないです。

新卒で入社して、ほかの会社を知らないけれども、良品計画は働きやすい会社なのだと思っています。働いていて、素直に楽しい。毎日、楽しいです。もちろんいやだなと思うこともありますけれども、それはどんな仕事にも、誰にでもあるものだと思うので。

部門内でも、ほかの部門とのやりとりでも、「無印良品」に対して真摯に向き合っていることが共通しているから、働きやすいのだと思います。意見の違いは当然ありますが、芯の部分が共通しているから、目的に対してぶれずにやりとりできるんです。

目的さえぶれなければ、同じ方向に進める。その感覚は強いです。それが、無印良品らしさとはなにかを考え続けるよさなのではないかと思います。

一筋縄ではいかないところが、ＶＭＤの面白さです

佐藤直人
業務改革部・海外ＶＭＤ課
２０１１年入社

――無印良品のアルバイトから良品計画の社員へというケースはままある。現在海外ＶＭＤを担当している佐藤直人もそのひとりなのだが、無印良品でアルバイトする前は飲食業界に就職していたというユニークな経歴の持ち主である。

大学では建築を学んでいました。幼いころから絵を描くこととかものをつくることが大好きで、だから建築もインテリアも好きで、そして料理をするのも好きで。それで飲食業界に就職して２年半ぐらい働いたのですが、違うことをしたくなって。

無印良品は学生のころから好きでした。有楽町店には何回か行ったことがあったし、大きな旗艦店ですし、ここで働いてみたいと思い、アルバイトの面接を受けたんです。２００６年のことです。２０１１年にＳＥ社員になり、そして嘱託社員になりました。

お店にいるころから、売るために商品をどう見せるかということにすごく興味があったんです。有楽町店は何回か改装をしているんですけど、そのたびに本社からＶＭＤ課の人たちが来て、いろいろ教えてくれるんです。一つひとつの商品をどう並べれば映えるのか、ミリ単位で細かく指

示されることがすごく面白かった。

あまりに面白くて、そのうち、できたら自分でもやってみたいと思うようになりました。有楽町店のなかにもVMD担当がいて、前任が辞めるタイミングで手を挙げて面接を受けて、担当になることができました。

本社のVMD課に配属されたのは、2012年からです。最初の半年間は国内担当でした。2014年に国内と海外に課が分かれてからはずっと海外VMDを担当しています。いまは東アジア、西南アジアとオセアニア、北米欧州の三つのエリアに分かれていて、僕は北米欧州。そのなかでも衣服・雑貨と、生活雑貨・食品に分かれていて、後者を担当しています。

どういう什器が必要か、商品をどうレイアウトするのがいいか、店舗デザインを行う施設設計課と連携しながら進めます。商品からのアプローチと空間からのアプローチを合体させていくと言えばわかりやすいかもしれません。

7000アイテムある商品をいかにレイアウトしていくか、毎回がチャレンジです。規模が小さい店舗なら壁に商品を積み上げたり、棚の上部にも家具を置いたり。最近は四角い什器以外に丸い什器も使って、売場にアクセントを加えたりもしています。

北米欧州とひとくくりにしていますけど、ヨーロッパなら国ごとに文化も生活習慣も違いますし、アメリカはひとつの国でも広大ですから東と西では大きく違う。文化の違いだけでなく、店ごとに広さや販社がどういう店にしたいと考えているかも検討要素に含めて進めます。でも無印良品の考え方は、地球のどこでも常に同じ売場づくりなので、そこはぶれません。

――当然ながら海外出張が多く、「最近引っ越して、やっと室内に洗濯機を置けるようになりました。それまでは、洗濯時間すら取れなかった」と言うほど、日本にいる時間は短い。

仕事で大変なのは、言葉ですね。北米欧州担当なのに英語が堪能ではないので。少しは上達してきているとは思いますが、それでも現地のスタッフに「無印良品らしさ」を伝えるのは難しい。顔なじみのスタッフだとこちらの意を汲んでくれたりもしますが、新規出店の国で、VMD以前の商品知識から伝えないといけないときにはまだまだ苦労しています。

国や店の規模で変わりますが、出張期間は約1週間。実際に作業できるのは移動時間以外の5日間ですね。店舗に行ったら、僕たちがつくったプランニングがきちんと反映できているかをまず確認します。各国に現地のVMD担当がいるので、彼らと一緒に行います。陳列作業が終わったら、営業可能かの最終点検をして、次に店舗スタッフへのVMD研修。

研修では、店舗がオープンしたときがゴールではなくスタートですから、オープン時の整然とした状態をキープできるようにしてくださいということをまず伝えます。商品を棚の前で揃えるとか、高さを揃えるとか、色や素材でかためて見せるといった陳列のポイントも話します。

現地のVMD担当に研修を任せることもあります。そうしないと、そこの組織が育っていかないと思うんです。なので僕たちは一歩引いて、彼らが育つことを一番に考えるようにしています。

VMDというのは、短期的でなく長期的な維持管理の視点が大切。オープンしたあとどうなっているか、出張で近くまで行ったらなるべく見に行くようにしています。きちんと維持できている店舗だけではないので、なにが問題なのかを把握します。商品の供給具合など、VMDだけの課題じゃないこともありますから、そういうときはその課題を持ち帰り、ほかの部門と共有して、改善していきます。

――無印良品の店舗デザインは、現在はほぼ社内の施設設計課が行っているが、一部の旗艦店や大型店舗は、良品計画のアドバイザリーボードメンバーでインテリアデザイナーの杉本貴志率いる「スーパーポテト」が手がけている。

無印良品は中国に積極的に出店していて、2014年には上海に、2015年には成都に、大型店ができました。そのどちらもスーパーポテトがデザインして、生活雑貨と食品のVMDは僕が担当しました。

スーパーポテトとのやりとりは、とても新鮮でした。

「いまこういう什器でこういう陳列をしています、こうすると合理的に棚に収まります、こういう機能も持たせています」って説明すると、「ださいですね」と一蹴されて（笑）。客観的に一歩引いて、でも無印良品のことをすごく理解してくれている。したいことはあるんだけれどもイメージできない自分に対して、「こうしたらいいのでは」とアイデアをくれたりもします。

VMDの面白さは、一筋縄ではいかないところでしょうか。しっかりプランニングしても、その通りにならないことも多くて、現場力が試されますね。VMDだけで完結するわけではなくて、それでもまとめていくのはVMD。偏ることなく、飛び交う意見をまとめることを心がけています。単なるアルバイトだった自分が、海外の店を担当させてもらえるようになった。そういうふうに自分を成長させてくれるのが、良品計画という会社だと思います。

仕事をしていて嬉しいと感じるのは、自分が担当した店舗の現地スタッフが成長していく様子を見られること。経験を積むことでVMDのスキルが上がったり、現場を取り仕切る姿を見ると嬉しくなります。

もちろん、すべてがうまくいくわけではなくて、教えたスタッフが辞めてしまうと悲しいし、現場が思うように回っていないこともあります。現地の人をしっかり育てることが、僕の課題ですね。自宅を引っ越して、出張から帰ってくるとホッとします。自分の居場所ができたような感じです。仕事の課題にきちんと向き合って、クリアできるようになれば、自分の生活ももっと良くなると思っています。

働き方
5

経理から見えることって、たくさんあるんですよ

山田ゆみ
経理財務担当・経理課
1990年入社

――働くことでお給料がもらえる。日々の生活に、お金はつきもの。なのにお金のことを考えるのが苦手という人は多いのではないだろうか。でもというか、だからこそ、経理は会社の中で大切な存在である。

人事と総務を経験して、経理に来ました。私は高卒で西友に入社しています。高校生のときに接客業でアルバイトをしていて、接客業で、親が安心できるような、名前が知られている企業がいいかなというくらいの動機で就職先を選びました。

生まれ育ったのが西武線沿線だったので、西友にはなじみがありました。入社研修に行って、西友って西武線以外にもあることにびっくりしたのを覚えています。入社案内に「世界的に活動している」って書いてあったのに、気づかなかったんですね（笑）。

入社のときに発令をもらって、配属先の方が迎えに来るんですけど、私ともうひとりの同期だけ会社が違いました。それが設立したての良品計画でした。

入社後は店舗のことを知るために、2、3年したら店舗で働くことになるよと言われていたん

です。でも管理部のシステムが変わったりした時期と重なって、経験者としてそのまま残ることになりました。ですから店舗の経験はありません。

人事では給与計算を担当していたので、経理とはつながりがありました。なので2011年に経理に異動になっても仕事が大きく変わったという感覚も特になく、いままで続けてくることができました。

――いくつもの部門を数年ごとに異動する人もいれば、ほぼ同じ内容の仕事を続けている人もいる。山田の場合、店舗勤務をしたり、ほかの部門で新たな力を発揮してもらいたいというよりも、この人に任せておけば安心という信頼の方が、会社としては上回っているということではないだろうか。

もしそうならとても嬉しいです。たまたま同じような仕事だから考えも狭くなっているかもしれませんし、ほかの人ならもっと違ったシステムや仕組みができるのではと思ったりもします。ただ、自分がいなくなったら活用に困るものをつくっていたら意味がないので、誰がやってもできるようなシステムをつくりたいとはいつも思っています。

管理部の中でも、巡り合わせで、自分の働き方に合っている部門に、配属してもらっている気がしています。自分がしている仕事において、自分だから気づけることがあるという自負もあります。ただ、ほかのことをして周囲から評価してもらえるかというと、そこには不安があります。

異動があるかもしれないというプレッシャーは、みんな抱えながら働いているのではないでしょうか。いまいるところが合わないから異動したいという人もいるでしょうね。人間関係で悩むこともあると思います。

経理といってもいろんな仕事があります。海外の子会社に向けて指導している人もいますし、主に税金に関した仕事をしている人もいます。私は一般的な購買や委託費の支払い、社員個人の経費や出張の立て替えの精算を担当しています。

　経理って使ったお金だけを見ているように思われがちですけれども、ちゃんと見ようと思ったら、その人の行動が浮かび上がってくるものなんですよ。業務日誌に似ています。

　請求しているものが、本当に業務上必要なものか細かく見ています。新規事業に熱心に取り組んでいる人の請求だと、あぁあのとき頻繁に同じ場所に行ったり同じ人と会っていたことは、新しいビジネスにつながったんだなとあとから思ったり。


——この話を聞いて、思わず「格好いい！」と声を上げてしまった。経理はルーティンワークと思っている人がいたら、大間違いなのだ。


でも、そう思っている人が多いのではないでしょうか。一見すると単純そうですが、間違いがなく、事故がなく、管理しやすく、わかりやすくするために、どれもみんな重要なことだから頑張ろうと、チーム全員が心がけています。

　経理に限らず、管理部って地味な存在かもしれません。本社全体が店舗のサポート部隊なんですけど、そのなかでも管理部は口うるさく言うと活性化しないから、だまって業務に取り組めばいいという風潮はあると思います。

　でも管理部も、裏方というよりきちんとパフォーマンスを発揮している部門だということをみんなにわかってもらえるといいなと思います。うちのメンバーは地味だけど、こんなすごい人がいるんですよって（笑）。

　そのためには、わかってもらえるような働き方をしないといけない。会社にきちんと貢献したいという思いは、私にもあります。高校を出て、レジ打ちしようと思っていた自分が、たくさんの先輩から指導を受けて、いまがあると思います。

商品部や販売部のみなさんと同じように、管理部も一日二日いればプロフェッショナルになれるわけではなく、外部の協力も得ながらプロフェッショナルになってきた。対外的にも管理部は重要な部門です。世の中に通用するような仕組みを、会社が一丸となってつくっていくべきだと思います。


――良品計画に入社して、すでに30年近い時間が流れている。その間このモチベーションを保てているって、すごいことではないだろうか。


経理って、外の情報を取りに行く必要がある仕事ですが、ほかの会社がどういうシステムを使っているのか、どういう仕組みをつくっているのか、知りたいけれども知る機会がなかなかないのが現状です。

以前はセゾングループとしての情報交換の場があったんですけど、それがもうないので。同業の人のノウハウ、知りたいです。一枚の請求書をどういうふうに回していますかとか。そういう小さいことでも。

結局、法律に則るもので、その法律はひとつしかない。それに合わせるために、「こういう入力をしてください」と徹底することは大事なことだと思うんですけど、どこまで許容するかの判断が必要です。

でも、ここはちゃんとやってもらわないとダメというものは、きちんと情報発信する必要があると思います。交通整理のようなものですね。

課題は継続するもの。業務改善に終わりはありません

光武秀一
業務改革部・店舗サポート課
1992年入社

――無印良品の店舗において、売場のディスプレイや接客、掃除の仕方など、業務を標準化して誰もが同じように仕事に当たれるようになるために、独自のマニュアル「MUJIGRAM」は生まれた。現場で働くスタッフたちの気づきが反映され、いまも毎月更新される。そのMUJIGRAM作成を担当するのが、業務改革部の店舗サポート課である。

店舗サポート課は名前の通り、店舗での仕事がしやすくなるようサポートする部門です。お客さまにとって安心で安全な店舗環境を維持して、スタッフのオペレーションもして、健全な運営が行えるための仕組みづくりですね。そのメインとなるのがMUJIGRAMです。この仕事に就いて、7年になります。

僕も店舗勤務から始まったのでよくわかるのですが、店舗の仕事は本当に多岐にわたります。以前は店長の采配で決まる部分も多くて、店舗ごとに質にばらつきがありました。

専門店やテナント業ならひとつのことに集中できますが、無印良品は商品が多岐にわたるため、そういうわけにいきません。だからMUJIGRAMが大切なんです。

ＭＵＪＩＧＲＡＭにするものは、店舗で実際に活用できることが大前提としてあります。あんまり難しくてはいけない。基本は、10人いたら10人みんながでないといけないんです。10人いてふたりしかできないような業務は、ＭＵＪＩＧＲＡＭにする意味はない。

このマニュアルをどんどん良いものにするための仕事ですけれども、良くするのは現場の声で、僕たちはそのサポートをしているだけ。何百人、何千人という人が声を上げてくれるので、そこから「これは」というものを吸い上げていく。それを繰り返していくことで、ちょっとずつ、良くなっていく。

1週間に、だいたい200件くらい届きます。過去にはあまり提案が来なかった時期もあります。活発に届くようになったきっかけは、提案に対して1週間以内に回答するようにしたことですね。

いい提案に対しては奨励金を出したりもしていますが、それよりも、自分の声がＭＵＪＩＧＲＡＭになることが一番のモチベーションになっていると思います。

――店舗スタッフが「もっと良くしたい」という気持ちのあらわれなのだろうが、200件もの声が毎週届くことに驚く。

検討してみようと思えるのは、その1割程度でしょうか。もうちょっと少ないかな。店舗からの声をそのままＭＵＪＩＧＲＡＭにすることもありますし、その声をヒントにこちらでブラッシュアップすることもあります。

いまの店舗の水準がどれくらいなのかを認識することは大事だと思います。提案を見ていると、店舗でいまどんなことが問題になっているかや、どんなことがトレンドなのかも見えてきます。場合によっては直接店舗に出向いて確認することもあります。あと、同じフロアに販売部があるので、店舗を統括して、動向を把握しているマネージャーに気軽に聞けるのも大きなメリットです。

ＭＵＪＩＧＲＡＭはしっかり浸透していますが、たまに一日店舗にいたりすると、いろいろなことが見えてきますね。本当は差が出たらいけないし、ほとんどの人は気づかないわずかな差ではあるのですが。

昔はその差がお客さまにもわかるほどあって、それを改善するためにＭＵＪＩＧＲＡＭは始まったわけで。わずかな差が出るところですか？　それは整理整頓でしょうか。店頭もそうですし、倉庫もです。あとはあいさつですね。

――いろいろなことが見えると言っても、本人が言う通り「ごくわずかな差」なのだろう。それにしても、整理整頓、あいさつ。業務標準化委員会が取り組み続けているテーマのふたつだ。やはりそれは大切なのである。

店舗監査も社内で行っています。決まった項目を提示して、できているかどうかを抜き打ちでするんです。やはり１００点とはいかず、減点部分をどういうふうに改善していくといいのかを検討するのも、店舗サポート課の仕事です。

以前は予告していたんですけど、それだとどうしても甘えが出てしまいます。それを改めるために、抜き打ちにしようということになりました。

入社のきっかけは、会社説明会に行って、その説明会が面白かったんです。ここなら、面白いことができそうだと思いました。

入社して最初に勤務したのが原宿店です。すごく忙しい店舗でした。店舗勤務のあと販売部に異動になり、業務改革部で総務に少しだけいて、店舗サポート課に配属になりました。

転職を考えたことですか？　ないです……あ、一回あるかな。入社して4年目くらいのとき、合わないかなって思ったんです。3年目で店長になって、社会経験を店舗でしか積んでないなか、人間関係で悩んだんです。

アルバイトには学生もいるし社会経験を積んできた40代や50代の人もいる。店長って一人しかいなくて、ストレスを感じたんですね。ひとつの通過点として、そういう時期はあるのだと思います。

良品計画は、いい会社なのだろうと思います。ほかの会社を経験していないので比べることはできないですけど、取引先など周囲の話を聞いていてもそう思います。そして真面目というか、まともな人が多い。

――ＭＵＪＩＧＲＡＭをより良くするための時間を送ってきたが、この本が出るときには、べつの部門で働いている。

情報システム担当に移ります。そこでの経験を持って、また店舗サポート課に戻ってくるのもいいかなって思いますけど、年齢的にどうでしょうね。

ＭＵＪＩＧＲＡＭのような業務改善って、きりがないんです。ひとつハードルを越えると、また次の課題が見つかる。

それを乗り越えようと、店舗サポート課にいたいと希望し続けていたら、7年もの時間がたってしまった感じです。仕事はみんなそうかもしれませんが、課題は継続していく。なくなることはありません。

自分が働く会社に誇りを持てているから
モチベーションが保てる

枇杷谷大輔
経理財務担当・会計センター課
2001年入社

――池袋にある良品計画の本社。ここにほぼすべての部門が集約されているのだが、会計センターは東京・三鷹にある。本社の経理財務部では開示資料作成や監査法人対応などを行っているのに対して、ここでは店舗の経理の数字を日々まとめている。従業員数は30人。

転職組なんです。2001年に店長候補補募集に応募して入社しました。6年くらい店舗勤務して、そのあと本社のVMDに異動になりました。そして経理です。

なんで経理？　ってよく聞かれるんですけど、前職が金融関係だったので多少の知識はあったことが大きいですね。

金井に「なにかやりたいことあるの？」って聞かれて経理がやりたいですと答えたら、その数カ月後にはもう異動（笑）。店舗経験者で数字を見ることができる点が良かったのではないでしょうか。

数字に関して、店舗にいろんな処理をしてもらっています。350店ほどある直営店では、処理の仕方が間違っていたり漏れがあったりが、どうしても日々発生します。それを指摘して、正してもらって、毎日きちんと締めていることを確認して、月次単位で経理で確定させる。店舗会計を簡単に説明すると、そういうことです。

個人的な見解ですけど、良品計画に入社する人って、売るのが好きな人が多いと思います。そして経理は好きじゃない。数字のことは面倒くさい。

伝票1枚の話なんですけど、でもそれを経理に送らないとその取引先にお金は支払われない。というか支払えない。月末までに数字をまとめてくださいと伝えても、「来月でもいいでしょう？」という感覚の人もいますが、それでは上場企業として成り立っていきません。

店長会議に出席して、経理をきちんとすることの意味を伝える啓蒙活動のようなこともしています。最近こういうミスが多いですとか、日々の処理はこういうところに気をつけてくださいとか話しながら、「自分だって店長だったときにはできていなかったよなぁ」と反省したりもするんですけど。

――経理をきちんとすることがどうして大切なことなのか。そう聞かれたら、適当なことをし続けたら、この会社はなくなってしまうかもしれないということを伝えたいという。ほんの少しのほころびから、一気に信用を失うのだと。

ほころびとは、お金がルーズになるということだ。

うちの会社は、とてもイメージがいい。それだけに、なにかあったときの落差は大きいと思います。転職の理由ですか？　いろいろあります。金融不況で仕事がなかったということもあります。あと、雑貨屋をやりたいと思っていました、若かったんですね（笑）。商品のことを覚えたいし、転職のことも考えたくていろいろ見ていたときに、良品計画が募集していたんです。だから入社して、何年間か勉強させてもらったら独立しようとか考えていました。そんなの甘い考えだということがすぐにわかりましたが。

転職して最初の1年は慣れるのに必死でした。大変でした。やはり金融とは全然違う環境ですし。でも店長になって、売り上げも伸びていた店舗で、自分の采配でいろいろできた時期でもあったので、俄然仕事が面白くなりました。

なにが面白かったかというと、金融は自分がやっていることの結果が出るのに半年とか1年とかかかるのに比べて、小売りは毎日結果が出ます。そこが圧倒的な違いですね。

いまの経理の仕事は、そういう意味での結果の出方はないですね。決算が終わったときの達成感は大きなものがありますが、まわりからはわかりにくいだろうな。

店舗での経験は、経理の仕事にすごくいきています。会計センターの8割方は店舗未経験で、そうすると店舗の対応や質問に対して、実情がわからないんです。

「経理はこういう決まりだからやってください」と言うのは簡単なんですけど、店舗のスタッフにはそれが難関だったりするということを汲み取って話をしないと理解は得られない。あまり店舗寄りになりすぎるのも良くないので、そこはバランスですね。でもみんな、一度は店舗勤務を経験するといいと思います。


――会計センターのある三鷹の施設は、単純作業を行う障がい者雇用の組織としてスタートした。現在いる30人のうち、約3分の1がなにかしらのハンディキャップがある。


いま課長です。仕事の面白さとはべつに、課長という立場の大変さを切に感じています。人をマネジメントする難しさですね。

会計センターは人の入れ替えがあまりないので、流動性が低いことでコミュニケーションが取りづらくならないようにしたいとも思っています。でもそれも難しくて。

最近はなるべく本社の人たちと交流を持とうとしていて、会計センターのスタッフたちも週に1回くらいは本社に来るような機会を設けています。一度も会ったことのない人と電話やメールでやりとりするのと、一度でも顔を合わせた人同士がやりとりするのとでは、確実に違うと思うので。

良品計画の一番の特徴は、やっぱり働いている人が無印良品が好きだというところではないでしょうか。商品が好きで、そもそもの考え方も好きで。それはほかの会社と比べてものすごく強いと思います。

それが働く原動力の大部分を占めていると思いますよ。ニュースでうちの会社を見てもすごいなって思いますし、ドキドキしますもん。

逆にそれがなくなったら、どういうモチベーションで働けばいいのかわからない。自分の会社に誇りを持てなかったら、どうなるんだろう。

仕入れ先の方々も当社のことを本当に理解してくれているし、受けいれてくれていると思います。良品計画だからやりましょうと言ってくれる会社も多い。まわりの人が一緒になって、無印良品をつくってくれている。それは管理部門にいても感じます。

そういう人たちと、こういう商品をこういう考えでつくっているんですよって話しているときって、やっぱり楽しいです。

三鷹も本社同様にリノベーションしたんです。VMDで働いていたこともあるから、見た目というものが気になります。雑然としていたオフィスだったのがすっきりして、雰囲気も良くなって、嬉しいですね。

せっかくきれいになったのだから、その状態を維持していきたい。でも雑然としていても気にならない人もいるし、経理は紙の資料が多いのでものは増えがちです。見た目と作業効率のバランスを取るのは、難しいですね。

働き方
8

連絡をくださるお客さまの意図をきちんと汲み取りたい

三好玲子（仮名）
お客様室
1999年入社

子どものときから、無印良品が好きでした。小学生のときに文房具を無印良品で揃えて、アルミのペンケースとかを使っていました。まわりからは「地味」って言われましたけど（笑）。その前はサンリオが好きだったのに、すごい方向転換だと自分でも思います。

大学生になってひとり暮らしを始めたときも、ベッド、テーブル、お布団、食器、キッチン用品、みんな無印。

——総合的にものやサービスを扱っている会社に就職したいと思い、百貨店なども受けるなか「私の好きな無印良品もそういうところだ」と気づき、無事良品計画に入社。大阪で採用されたため、関西、九州、北陸エリアの店舗に勤務した。

私は店舗勤務が長い方だと思います。産休するまでずっと店舗、復帰してからも店舗でした。縁あってお客様室に異動になり、いま7年目です。

学生の頃、飲食や販売などいろいろなアルバイトをしていたので、販売業務のイメージはできていました。扱う品目の多さや手配の複雑さに慣れるまでは大変でしたが、厳しく指導してもらったことで、しっかりした基本を身につけることができたと感謝しています。いまでもそのときの教えが役立っていると思います。

お客様室の業務は、商品やサービスについてのご相談を承るのがメインです。店舗からの問い合わせに答えることもあります。

最初にお客様室に異動と聞いたときは、希望していた部門ではなかったため、驚きました。でも実際に働き始めると、商品情報のような「知りたいことを知るための問い合わせ」の方が多いんです。ですから外から見えているイメージに比べると、そこまで大変な仕事ではないんですよ。

たとえば商品をベースに加工して使いたいという方は多くて、その方法を確認するための問い合わせは頻繁に来ます。

店舗のときより、仕事に奥行きが出たと思います。お客さまと実際にやりとりするのは店舗ですが、お客様室にはいろんな情報が集まってくるので、実際に商品で起こっていること、会社がどういうふうに考えているのかといったことも理解できるようになりました。

店舗にいるとその店舗のことしか見えないんですけど、その店舗以外でどういうことが起こっているのかもよくわかる。無印良品全体を俯瞰《ふかん》している感じでしょうか。

また、商品の直接の担当ではないのですべてをわかっているとは言えませんが、でもかなりの部分を把握できる。それも面白いです。

海外の案件は現地で対応してもらうのが基本ですが、最近は海外の方が日本の店舗で購入したものを帰国後に問い合わせされるケースも増えて、それはこちらで対応します。英語でのやりとりは大変です。

――ごく一部とは言え、やはり厳しい意見は届くものだ。「お客さまは基本的に無印良品が大好

きな方たちです。それだけに、期待を裏切ると大きな落胆になってしまう」と言う。

お客さまは本当に無印良品のことをよく知っています。そして本当に無印良品のことを好きだから、わざわざ連絡してくださる。使い勝手、不具合、いろいろな声をいただきます。たとえば食品なら「おいしくなかった」とか、ずっと買われている方が「おいしくなくなった」というような率直な声も寄せられます。

なんで連絡してくれているのか、お客さまの意図を汲み間違えないように気をつけています。ものすごく怒っている方が、返事をするとごく真っ当なやりとりですぐ終わるということもありますし、返品を求めているのか、とにかくご意見を聞くことが大事なのか、それはお客さまによってさまざまですから。

同じことが起きても、お客さまが違えば同じやりとりにならないという難しさはありますね。うまく対応できずにへこむこともありますが、お客様室のスタッフ同士、その気持ちを共有できるのでありがたいです。

メールでの問い合わせの方が増えています。メール担当者は数行しかない文章から、お客さまが伝えたいことをきちんと読み取ることを心がけています。

会社によっては分野ごとに担当が分かれていますが、良品計画は横断型で、衣服でも雑貨でも食品でも、誰もがなんでも受けます。お客さまの声は私たちにとって財産ですし、命です。

ほかの部門との関わりは多い方だと思います。生活雑貨は問い合わせも多いので、担当者と直接会って、実際に商品を見ながらやりとりすることも多いです。

――小学生の子どもを持つ母親でもある。シフト制なので調整がききやすく、子どもの行事には皆勤賞で参加できているという。

子どもが小さいときは、社内制度のチャイルドケアを使って、9時から16時までの短縮勤務をしていました。いまは18時までのフルタイムです。

お客様室のトップが、チャイルドケアにとても理解のある人なんです。お客様室は産休を取って戻ってくる人が多いですし、人生の先輩がたくさんいます。生活の知恵のようなものを身につけている人が多くて、そういう人たちだからお客さまの話を理解できるのかなって思うことがあります。

店舗から本社に異動になって、いろんな部門があっていろんな仕事があることが見えてきて。ゆくゆくはほかの部門で違うことにも関わってみたいという気持ちもありますが、お客様室の環境はとても好きです。働きやすいです。

良品計画は、なんでもやる会社ですね。生活に関係すると思われるものを、「無印らしく」解決していく会社だと思います。

「MUJI HOTEL」の「アンチゴージャス、アンチチープ」というコンセプトを聞いたとき、その通りだと思いました。商品にも当てはまるところですよね。

華美なわけではなく、でも安っぽいのはいやというせめぎ合いのちょうどいいところに、無印良品は選ばれているのではないでしょうか。

いろんな会社が一緒になったような
すべてをひとつなぎにできる会社です

橋本聖子
食品部・ローカルMD担当
2006年入社

もともと良品計画が第一希望でした。大学は食物学科です。学生の頃に難波の無印良品に行ったときに、食品会社じゃないのに食品が美味しそうで、楽しんでつくっているのが伝わってきて。その瞬間に心は決まりました。こういう商品をつくりたいと思って受けたんです。

当時の無印良品のお菓子って、パプリカとレモンのパウンドケーキとかあって、すごい攻めている感じだったんです。食品部に配属になったときに、ある方に「あの商品を見て、私もつくりたいと思って入社しました」と言ったら、その方が開発した商品でした。

――無印良品が好きで良品計画に入社したという話は珍しくないが、そこからさらに「食品の商品開発」まで絞り込んでの希望となると稀《まれ》である。

入社して2年目で店舗のスタッフだったとき、無印良品のサイトに、働いている人たちを紹介するブログがありました。

その頃、本社の人事の方と食事をご一緒する機会があって、無印良品の商品をベースにしたアレンジレシピを紹介するブログをやりたいですって話をしたんです。そうしたら、本当にやる気があるのなら企画書をつくってみたらと言われて。

その1週間後に送ったら、ウェブ担当の課長がゴーサインを出してくれて、店舗にいながらレシピブログを担当することになりました。ふつうあり得ない展開ですよね。

食品部に配属されたのは、入社して2年半がたったときです。半年に1回、自分の行きたい部門の希望を申告できる制度があるのですが、もちろん食品部と書いて出していたら、店長となって半年後に食品部に異動になりました。

食品部は菓子、調味加工、飲料に分かれていて、一番やりたかった菓子の発注担当になりました。でも最初の1年は必死すぎて、あまり記憶がないんです。社会人としても本社勤務としても経験が浅すぎて、なにがわからないかもわからないほどで、失敗の繰り返し。目の前にある穴に、どんどん入って抜け出せなくなるような時間でした。

菓子の発注担当はひとりなので、私がすべて把握して、コントロールしていかないとアクシデントが起きてしまう。なのに取引先によって発注対応が違うことも、暑い時期は商品によっては冷蔵で納品しないといけないのもわかっていませんでした。

一つひとつ、必死に覚えていくしかなかったです。そのうち、そもそも仕組みがないことなのか、仕組みさえあれば間違えないのか、仕組みそのものに間違える原因があるのか、そういうことがだんだん見えてきました。

――「実力のなさによく泣いていました」。好きな部門に行けたからといって、それですべてがうまくいくわけではない。しかし好きな部門だからこそ、仕事を覚えて、仕組みを理解しようというモチベーションがなくなることはなかった。

発注のあと菓子の開発担当を6年しました。そこから調味加工に変わって2年半です。国内で販売する商品を担当しています。

調味加工のメインはカレーです。カレーは、最初は興味が持てませんでした。とにかくお菓子が大好きだったので。でも開発のプロセスは菓子と同じ。一から勉強して、無印良品のカレーはどうあるべきか考えて、いろんな専門家の方に教えてもらって。

そうするうちに、どんどんカレーが好きになっていったんです。食べれば食べるほど好きになる（笑）。いまとなっては、「そういえば橋本さんって菓子だったよね」と言われるくらい、カレーにどっぷりです。

担当して、こんなに好きになると思わなかったです。だから自分の意図せぬ異動とか、担当が変わることは意味があることなんだと思います。菓子のままだったら行き詰まったかもしれないし、自分の考えも広がりました。担当が変わって、良かったです。

休みの日にもカレー食べに行ったりしてます。最初の頃はオフの時間もぜんぶ仕事に結びつけてしまっていたのですが、いまはオンオフの切り替えができるようになったので、純粋に食事として楽しくカレーを食べています。オンタイムに仕事仲間と行くと、もうそれは仕事モード全開で、すごい種類のカレーを食べたりするんですけど。

さまざまな分野の方と仕事ができるのはとても面白いです。取引先のみなさんとも会社を超えてチームみたいな感じ。結束力がとても強いんです。インドで10日間ぐらい三食カレーを食べ続けて、帰ってきてもみんなで議論して。社内の人よりも一緒にいる時間が長い時期もあるくらいです。

ひとつの商品を半年とか1年という時間をかけてつくるので、チームワークが大切ですし、信頼関係も築けている。それは貴重なことだと思います。

食品は生活に身近なぶん、利用する頻度が高いので、日々多くの商品を販売しています。たくさん売れるということはお客さまがそれだけ生活の必需品として活用してくださっている証。でも、数だけで計ることなく、美味しくて生活に必要な商品をつくっていきたいと思っています。

――良品計画はどういう会社ですかという問いに、「やりたいことがある人に、協力してくれる会社だと思います」と即答だった。やりたいことがあるからこそ、そのことを実感しているのだろう。

入社する前、ゆくゆくは商品開発をしたいんですけど実際にできるでしょうかと人事に聞いたんです。そうしたら、「できるできないはべつとして、やりたいという人に協力してくれる人がたくさんいる会社だと思う」と言われました。

本当にそうだと思います。いろんな会社が一緒になったみたいな会社です。ものを企画して、つくって、お店で売って。それがひとつの会社でできている。いろんな部門の人たちが同じように考えて、協力して、商品を店舗に届けられる。それはやっぱり、「無印良品」というキーワードでひとつになっているのだと思います。

そしていまも、これまでやっていなかった領域にチャレンジしている。それは私自身もすごく興味があります。無印良品で扱っていない商品領域はたくさんある。やってないことに挑戦するのって、ワクワクします。

仕事を大変だなと思ったことは、何回もあります。お客さまに喜んでいただけるかどうか、かたちにして出してみないとわからないというプレッシャーもあります。モチベーションを維持するには、発売したときの喜びやお客さまからのおほめの声を思い出しています。

大変だけど、仕事は楽しい。気づいたら11年たっていて、入社前はそんなに長く働く自分を想像していなかったので、びっくりしています。

働く人が会社を変える

本社のオフィスリノベーションでは、働く環境を自分たちで生まれ変わらせることで、多くの気づきが生まれ、その気づきをかたちにしていくために知恵を出し合った。

そして会長の金井政明自ら「完成させないオフィス」と言い続けることで、「もっと良くしていこう」という思考のスイッチが入るきっかけをつくっている。

続けることの大切さ

このオフィスリノベーションできれいになった空間を、自分たちでケアして維持していこうと、業務標準化委員会が社員にアナウンスし続けている。毎朝の清掃、毎日のゴミ捨て、デスクの定期的なメンテナンス。

自宅では当たり前に行っているようなことなら、オフィスでも当たり前にできるようにしよう。書類や荷物は決められた場所に収納しよう。ファイルボックスは面を揃えよう。席を立つときは椅子を整えよう。

文字にすると当たり前すぎることだが、日々の業務に追われているとそれがなかなかできなくなる。だから業務標準化委員会は、地道に言い続ける。

オフィスリノベーション時に業務標準化委員会としてプロジェクトチームに参加していた小川恭平は、いま上海にいる。小川が興味深い話をしてくれた。

上海オフィスもリノベーションに取りかかろうとしているのだが、ものを減らしたり、ものを捨てるのがなかなか難しいのだという。

「その要因はいろいろあると思いますが、上海は業務標準化委員会が発足してからあまり時間がたっていません。整理整頓や、必要以上にものを持たないといったことなどに、本社が地道にコツコツ取り組んできたことが、リノベーションに良い作用をもたらしたのだと思います」

本社をリノベーションするとき、まずアンケートを集計し、そこから課題を見いだし、改善策を考えた。それはどういう空間をつくるべきかという大枠ももちろんあるけれど、電話は一人一台必要か、フリーアドレスにするとパソコンはどう扱うべきか、ゴミ箱の数と大きさはどうするのか……。

そういう、些末とも思えるようなことを、プロジェクトチームは一つひとつ、議論しながら解決していった。後回しにしていたら、空間がきれいになっただけのリノベーションになってしまっていただろう。整然さは、あっという間に失われたかもしれない。

些末と思えるようなことは決して些末なことではなくて、これからの働き方につながる、大切なことばかりなのだ。

当たり前のことを、当たり前にやる。大切なことを、大切にし続ける。そして、考え続ける。良品計画は、そういう会社なのだ。

いろんな働き方を、見いだしていこう

販売部長でプロジェクトチームのリーダーだった角田徹は、いまニューヨーク勤務だ。角田や小川のように海外勤務になった者もいれば、プロジェクトが一段落した後、部門が変わった者もいる。

インテリアアドバイザーの新井亨は販売部から商品部に異動になり、家具開発の担当となった。売る側からつくる側へ、大きな転換である。

法人向けの営業担当をしていたとき、「自社の商品にないから他社のものをすすめる」機会が多々あった。それはもったいないし、自社の商品にあれば、もっとトータルに提案ができる。新

井はずっとそう考えてきた。

だからオフィスリノベーションをきっかけに、オフィス向けの大容量のゴミ箱や伸縮式の傘立てなどの商品化を提案してきた。

「でも僕は販売部です。ものづくりの本流は、当然ながら商品部が担っている。支流が本流に乗れるパワーが、まだ足りないです」

そう言っていた新井が、本流に入った。

「一人ひとりが、いきいきと」の節に登場した商品部の中川実は、店舗にいた頃は「こうつくればもっといいのに」と思っていたけれども、実際につくる側になってみて、なぜつくれないかが見えてきたと語っている。それでも、「現場に長くいたからこそ思いつけることがあるはず」で、その気持ちを忘れず開発に取り組んでいる。

つくりたいものと、つくれるもの。それはイコールではない。でもそこに生じている「差」を少しでも縮めて世に送り出すことができたら、多くの人の支持を得ることができるかもしれない。

リノベーションにおいて、あるべき環境を描き、どうすればそれを実現できるかを考え、新しい働き方を生みだすオフィスづくりの一翼を担った新井が、どんな商品をこれからつくっていくのか。どんな働き方をしていくのか。

角田も、販売部と商品部の両方を経験している。両方の仕事を知っていて、いろんな働き方をしている人がいることを知っているからこそ、プロジェクトチームのリーダーとしてリノベーションを進めていけた。

働き方は、ひとつではない。新たな場所で、新たな部門で、新しい働き方をつくっていくこともできる。同じ場所で、同じ部門でも、働き方は変えられる。そして働く人が、仕事を変えていく。良品計画で働く人たちと接していると、そのことがよくわかる。

会社という共同体

「無印良品というきわめてピュアな思想があって、その思想や理念を働く人みんなで共有できると、仕事というものが生活のためだけではなくなる。そこには喜びがあると思うんです。楽しみもあるんじゃないか。個人の生活にもいい影響を与えるような仕事を、良品計画は実現できると思っています」

金井はそう言う。私たちにとっての仕事というものが大きく変わろうとしているなか、変わらない「思想」を共有できることが、やはり良品計画の大きな財産である。

「暮らしには、家庭も、働く場も、学ぶ場も、街のような外部空間も、すべてが含まれている」と、販売部の林高平は言う。だから無印良品は、なんでもできる。これまでの家庭用品という枠にとらわれることなく商品をつくれるはずだし、店舗という空間も飛び越えたビジネスも可能。なんにでも関わることができるのだと。

本書で紹介した通り、無印良品は店舗でものを売ることにとどまらず、ビジネスの幅を広げている。鴨川のサテライトオフィス、２０１９年開業予定のＭＵＪＩ ＨＯＴＥＬ、オフィスリノベーション事業……。思想を共有できているから、発展していける。

いま、都市部において「共同体」は成立しにくい。隣近所との付き合いはほとんどないという人も多いだろう。親戚縁者と遠く離れて住んでいる人も珍しくない。街への愛着や活性化ということを考えずとも、時間は過ぎていく。

いま、会社が共同体の役割を担うことができたら。

閉鎖的でなく開かれたコミュニティとして、それぞれがゆるやかにつながれたら、働く場所も、働き方も、「自分ごと」としてとらえられるだろう。そして働く人が仕事を変え、オフィスを変え、会社を変えていけるようになるのだろう。

● Staff
編集・執筆　鈴木里子
装丁デザイン　原 研哉＋関 小槙（日本デザインセンター 原デザイン研究所）
装　丁　画　Grace Lee (BUILDING)
本文デザイン　倉地亜紀子
進　　　行　赤峰貴子、大栗麻理子

働《はたら》く人《ひと》が仕事《しごと》を変《か》え、オフィスを変《か》え、会社《かいしゃ》を変《か》える
無印良品《むじるしりょうひん》の業務標準化委員会《ぎょうむひょうじゅんかいいんかい》　NDC 335

2017年12月11日　発　行

著　　者　株式会社《かぶしきがいしゃ》 良品計画《りょうひんけいかく》
発 行 者　小川雄一
発 行 所　株式会社 誠文堂新光社
〒113-0033　東京都文京区本郷 3-3-11
（編集）電話 03-5805-7285
（販売）電話 03-5800-5780
http://www.seibundo-shinkosha.net/

印刷・製本　株式会社 大熊整美堂

ISBN978-4-416-91776-3